O show é você

CLÓVIS TAVARES

O show é você

INTEGRARE
EDITORA

Copyright © 2009 by Clóvis Tavares.
Copyright © 2009 Integrare Editora e Livraria Ltda.

Publisher
Maurício Machado

Supervisora editorial
Luciana M. Tiba

Coordenação e produção editorial
Estúdio Sabiá

Copidesque
Alessandra Roldan

Preparação de texto
Hebe Ester Lucas

Revisão
Sílvia Carvalho de Almeida
Capitu Escobar de Assis
Ceci Meira

Projeto gráfico de capa e de miolo / Diagramação
Nobreart Comunicação

Dados Internacionais de Catalogação na Publicação (CIP)
(Câmara Brasileira do Livro, SP, Brasil)

Tavares, Clóvis
    O show é você : encante as pessoas e realize o que parece impossível /
Clóvis Tavares. --
São Paulo : Integrare Editora, 2009.

    Bibliografia.
    ISBN 978-85-99362-37-2

    1. Comportamento - Modificação 2. Marketing
    3. Motivação (Psicologia) 4. Mudança (Psicologia)
    5. Sucesso profissional I. Título.

09-03491
                                                                CDD-158.1

Índices para catálogo sistemático:
1. Marketing pessoal : Psicologia aplicada 158.1
2. Valorização pessoal : Psicologia aplicada 158.1
3. Valorização profissional : Psicologia aplicada 158.1

Todos os direitos reservados à
INTEGRARE EDITORA E LIVRARIA LTDA.
Rua Tabapuã, 1123, 7º andar, conj. 71-74
CEP 04533-014 – São Paulo – SP – Brasil
Tel. (55) (11) 3562-8590
Visite nosso site: www.integrareeditora.com.br

Prefácio

Este livro tem tudo a ver comigo. Já ao final da introdução escrita pelo Clóvis Tavares, pensei:

"Sou eu!".

Não, não sou mágico, desses que nos encantam quando enganam nossos olhos e nossa mente, como já vi o Clóvis fazer inúmeras vezes e sempre com brilhantismo.

Mas, em um de meus primeiros livros, fui apresentado no prefácio como "mágico corporativo". Segundo a bondosa pessoa que cometeu aquela definição, eu revelava os recônditos segredos do mundo corporativo usando a manipulação de palavras.

Hoje, após quase dez anos na carreira de escritor, finalmente me dei conta de que fiz exatamente o que o Clóvis sugeriu: eu me reinventei.

Uni um prazer antigo, o de escrever, com tudo o que vi e aprendi em três décadas de vida corporativa.

Em minha juventude, eu sonhava ser escritor, mas isso estava além de minhas possibilidades. Um pouco por falta de talento e outro tanto porque meus pais não teriam condições de me bancar enquanto eu não fizesse sucesso. E tudo indicava que eu dificilmente faria.

Esperei. Bastante. Deixei o sonho guardado e construí uma carreira como executivo.

Mas, um dia, tomei a decisão de me reinventar. E comecei a recontar, com uma pitada de bom humor, as alegrias e as frustrações que todos temos e tivemos em nossas vidas profissionais.

Foi por isso que, ao começar a ler este livro, pensei: "Sou eu".

Mas não sou só eu. Este livro tem muito mais gente. Gente bem melhor do que eu. Mas todas são pessoas que, como eu, também encontraram seus caminhos utilizando como ingredientes os talentos que já possuíam, mas que ainda não estavam devidamente misturados e bem temperados. E ler as deliciosas histórias de gente assim certamente vale o tempo e o investimento.

Este é um livro mágico. Mas sem truques. Ele é aberto a quem quiser compreendê-lo e está recheado de proveitosas revelações. Todas feitas por magos do dia a dia.

Uma gente que domina e pratica uma magia chamada sucesso!

Max Gehringer

Agradecimentos

Agradeço a Deus pela energia que recebi para elaborar cada página deste livro e trazer à minha vida todas as pessoas que fazem parte dele.

Aos meus filhos Nicholas, Veronica, Igor e à minha mãe Ercilia e irmãos, por seu amor incondicional.

A minha querida sogra D. Eliana, in memoriam.

Aos meus convidados: Lu Alckmin, Janet Martins, Romero Britto, César Souza, Carlos Alberto Julio, Antonio Carlos Romanoski, Carlos Alberto L. Vianna, Amyr Klink e Içami Tiba, que aceitaram o convite e abriram seu coração com suas magníficas histórias.

Aos meus amigos: Max Gehringer e Reinaldo Polito, pela brilhante colaboração.

Em especial à minha amiga e consultora Alessandra Roldan.

E, finalmente, dedico este livro ao amor da minha vida, Núria del Amo, minha esposa, que sempre me incentivou a parar para pensar no que realmente importa nesta existência.

Conhecer, aceitar, amar e servir, fazemos a mágica de fazer crescer, não importa quem...

Na magia de viver e amar, crendo no poder da solidariedade, na compaixão que é instrumento de transformação, decisão e realização, somos a Paróquia Nossa Senhora de Lourdes, na Diocese de Osasco. Entre os nossos serviços religiosos, realizamos atividades solidárias, atendendo direta e indiretamente cerca de 1.500 famílias (Lar Mãe da Providência, Vicentinos, Portadores de HIV e outros).

Para servir melhor, estamos construindo um Centro Pastoral – nele, a maior meta é construir o humano. Constituímos uma rede solidária – na qual, mais que o dinheiro, circula a dança do amor, atenção, afeto, escuta do outro, resgate da dignidade, da fé, da alegria, das aptidões, das capacidades adormecidas ou não acreditadas. Socorremos as urgências de sobrevivência e logo depois inserimos as pessoas que as sofrem na dança do crescer, do amor, do ser gente, fazendo no espetáculo da vida um grande show.

Onde cada um tem suas dores, sabemos que o sofrimento partilhado se torna suportável: a vivência concreta do amor curativo, educativo é transformadora. A prática da compaixão gera um instrumento de transformação, mesmo que lento, porém com base em raízes profundas e que fazem a diferença, que transformam de dentro para fora, que mudam o futuro. A pessoa recebe, aprende, ensina, suprimos o peixe para não se morrer de fome; passada a urgência, aprende a pescar, pesca com os outros, faz o milagre da multiplicação, da comunhão – e assim o mistério do amor continua...

Obrigado, afinal você tem a chance de fazer algo de bom para si próprio (generosidade traz prosperidade), para os irmãos, para Deus... Esperamos de braços abertos sua visita.

Deus o abençoe.

Padre Marcos de Oliveira Galdino
www.paroquiansdelourdes.org.br
www.larmaedaprovidencia.com

Sumário

INTRODUÇÃO 13

PONTO DE LUZ – REFLEXÃO 17

ESTRATÉGIA ENDOVISION 21
A arte de ver a excelência por dentro

.... O Show de Romero Britto

FULL FEELING 33
Estimular a percepção com profundidade

.... O Show de Carlos Alberto Julio

PONTO DE LUZ – IMAGINAÇÃO 45

ESTRATÉGIA TALENTMAKERS 47
Perceber e desenvolver o talento das pessoas

.... O Show de César Souza

CONTROLANDO O MISDIRECTION 63
Evitar desvios ao definir seu foco

.... O Show de Carlos Alberto Caiuby Lobo Vianna

PONTO DE LUZ – REALIZAÇÃO 75

PREDICTIONS 79
Prever desafios para garantir metas

O Show de Amyr Klink

ESTRATÉGIA DOS DADOS DE QUINA 87
Unir virtudes e adversidades para superar obstáculos

O Show de Antônio Carlos Romanoski

PONTO DE LUZ – CARISMA 97

ESTRATÉGIA PARTNERSHAPER 101
Esculpindo parceiros

O Show de Lu Alckmin

PONTO DE LUZ – BRILHO 111

ESTRATÉGIA LEADERMIND 115
Liderança com sustentabilidade

O Show de Janet Nicolau Martins de Freitas

BACKSTAGE 125
O valor e a segurança dos bastidores no
espetáculo da sua empresa ou da sua vida

O Show de Içami Tiba

PONTO DE LUZ – A ARTE DE PENSAR GRANDE 139

Introdução

Diariamente são feitos inúmeros lançamentos de produtos e serviços, sendo possível afirmar que a melhor campanha de marketing sempre ousa realizar o impensável e materializar o que parece impossível.

Hoje existem carros personalizados que você veste, roupas que prometem a sedução e bancos que vendem emoção e tranquilidade, em vez de apenas lucros. Parece que, ao mesmo tempo, todo o mercado corporativo saiu do lugar-comum e procura oferecer algo mais a seus clientes. "A grande mágica da vida de uma pessoa de sucesso é transformar algo ordinário em algo extraordinário." Muitas vezes, inovar no óbvio, no lugar-comum, é a melhor alternativa para aprimorar o seu negócio ou realizar os seus desejos. A maioria dos profissionais e empresas concorrentes busca inovações inéditas em suas áreas. Para isso, investem em pesquisas exteriores, cursos, MBAs, fazem degustação de seus produtos, análise de mercado, pesquisam a opinião pública e o sonho do consumidor final, mas nesse afã de inovar esquecem o essencial... Reinventar a essência do produto e redescobrir a maneira de ver a vida!

No meu caso, percebi que existia na profissão de mágico uma grande oportunidade para crescer e ter sucesso, pois eu tinha o talento desde criança e no Brasil não existia nenhum mágico com nome forte e conhecido como, por exemplo, David Copperfield.

Naquela época, em nosso país e em nossa cultura, não existia o hábito de assistir a grandes espetáculos de mágica e não havia espaços específicos para disseminar essa arte.

Logo, o que eu poderia mudar? A essência do meu negócio!

A arte da mágica sempre foi considerada um entretenimento, atraindo crianças e adultos de todas as idades, como algo lúdico. Como mágico profissional, eu tinha sucesso, mas estava limitado a festas familiares e pequenos eventos. O tempo passava e eu sentia uma incontrolável vontade de mudar, de provocar algo novo, de romper os limites, como Harry Houdini, grande mágico rei dos escapes. Foi nesse momento de necessidade, angústia e iluminação, que descobri um novo nicho de mercado.

Foi como se eu tivesse jogado um dado esperando uma resposta única, mas ele caiu de quina, como se estivesse apoiado em algum outro objeto, mostrando-me duas faces ao mesmo tempo.

Nas faces superiores apareceram duas mensagens distintas: "Mágico" e "Publicitário". Então, percebi que deveria usar minha formação acadêmica em publicidade e marketing e unir isso à minha grande paixão, que é a mágica.

A mágica não seria mais o objetivo, mas sim o caminho, a ilustração, o veículo de comunicação inusitado e agradável.

Assim, com uma percepção inovadora no mercado, criei uma palestra-show em que procuro ensinar ao público conceitos de liderança, vendas e crescimento profissional, usando minhas mágicas para que a assimilação seja completa e muito divertida! Não sou o melhor mágico que existe, nem o melhor marqueteiro. Mas descobri que sou o único mágico que sabe tanto de marketing e o único marqueteiro que sabe tanto de mágica!

Também aprendi que precisava me transformar, e não bastava "estar" palestrante, pois esta era outra profissão. Logo, a ideia mudou o idealizador e tive que escolher entre ser artista nos palcos ou arteiro nas palestras. Abracei a segunda alternativa. E isso teve um grande valor:

O marketing com mágica!

O show é você foi escrito com a intenção de fazer você descobrir se este também não é o seu destino.

Analise as histórias aqui apresentadas, reflita em cada Ponto de Luz e encontre oportunidades disponíveis, que até hoje estavam imperceptíveis e que, ao serem valorizadas, serão as grandes estratégias mágicas que transformarão você em um verdadeiro empreendedor e o ajudarão a encontrar o tão procurado caminho do sucesso.

Aprenderemos, em cada capítulo, como os ilustres convidados descobriram caminhos empreendedores e inusitados para dar um verdadeiro show em suas empresas e em suas vidas. Muitos se valeram de estratégias que os mágicos utilizam há séculos em seus espetáculos e nem se deram conta desse acaso. Você perceberá que a maioria dos acontecimentos na história dos entrevistados não foi uma questão de sorte, e que a vida é um palco de oportunidades para quem estiver preparado para vivenciá-las.

Para explicitar melhor cada caso de sucesso, preparei uma terminologia totalmente inovadora, que facilitará a memorização do seu aprendizado. Apresentarei também os Pontos de Luz, que trarão a você algumas dicas mágicas, fáceis e aplicáveis no dia a dia, e que farão imensa diferença no resultado do seu espetáculo pessoal.

Ao desenvolver as habilidades mentais de um mágico, você terá muito mais que um raciocínio lógico com alto desempenho. Terá uma nova percepção das oportunidades da vida e descobrirá que o impossível só existe para as mentes despreparadas.

Lembre-se: o sucesso é a reflexão dos seus atos!
Abram-se as cortinas.... O show vai começar!

Ponto de Luz

Reflexão

Em nossa infância, dificilmente algum de nós deixou de ouvir, durante a exibição do filme *Branca de Neve*, a célebre frase dita por quem, erroneamente, acreditava ser sua beleza o maior de seus atributos: "Espelho, espelho meu, existe alguém mais bela do que eu?".

Não é à toa que Walt Disney deu à bruxa malvada a dependência da opinião do espelho.

Todo mágico também aprende, desde o começo da carreira, a respeitar a dura realidade mostrada pelo treino em frente ao espelho. Nesse momento, este profissional terá a possibilidade de avaliar se suas atitudes e comportamentos serão realmente convincentes durante o show e se a plateia sairá satisfeita com sua apresentação.

O espelho revela, reflete exatamente tudo aquilo que somos, é ético e honesto. Às vezes o chamamos de injusto por não aceitarmos a realidade que ele nos mostra. Ele não se comove e não se curvará aos nossos anseios, pois, se assim o fizer, se quebrará irreparavelmente.

A origem do espelho é o cristal, e sua essência é a transparência. Por possuir uma pintura feita com amálgama de estanho e prata, ele ganha o poder de refletir quem o observa e mostrar as pessoas exatamente como são, mesmo que elas não estejam satisfeitas com a imagem exposta.

No mundo corporativo, há dois conceitos indispensáveis e imprescindíveis para o sucesso: ética e transparência.

Muitas carreiras são arranhadas e chegam a trincar por atitudes impensadas, escolhas erradas ou decisões tomadas no ápice do nervosismo. Quem dera as empresas fossem como o Castelo de Versalhes, com sua famosa sala dos espelhos, que amplia o ambiente e multiplica os que ali se encontram sem esconder a verdade sobre a imagem de cada um. A melhor mágica que existe é aquela que mostra transparência em sua execução, aquela na qual as pessoas podem tocar e da qual podem se aproximar sem descobrir seu segredo. Essas são as mágicas que realmente nos intrigam e ficam marcadas para sempre na nossa memória. Em seu espetáculo diário, guarde um momento para encarar a verdade. A sua verdade. Aprimore seus movimentos e corrija seus erros. Conheça a si mesmo, aperfeiçoe-se e sinta-se seguro para mostrar sua capacidade e sua superação. Olhe para si mesmo com segurança e serenidade, pois é chegada a hora! O show vai começar!

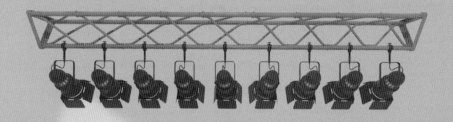

Estratégia Endovision

A arte de ver a excelência por dentro

Romero Britto
Artista plástico

> **Ter uma visão interna dos defeitos e qualidades inerentes à sua pessoa ou à sua empresa.**

Muitos mágicos amadores se espelham em artistas consagrados para lapidar suas rotinas, seu visual e seu estilo. Na maioria das vezes, o que eles conseguem ser é um clone malfeito, já que a verdadeira identidade do aclamado artista é única.

Depois de alguns anos de frustradas tentativas, acabam descobrindo que o tempo investido em buscar ser a imagem de outra pessoa poderia ter sido aplicado em desenvolver sua própria identidade e, assim, alcançar o reconhecimento profissional.

Quando surge a verdadeira aptidão ou talento, aprendem que eles sempre existiram; o que faltava era uma visão interna que os revelasse.

A estratégia do *endovision* é um colírio para você cair na real e saber o que pode ou não fazer de acordo com a sua capacidade.

Assim como endomarketing é promover o marketing interno na empresa e gerar admiradores da marca que os contratou, o *endovision* é uma estratégia em que as pessoas descobrem e promovem seus verdadeiros potenciais para gerar e desenvolver em si a capacidade de expressar de forma correta e coerente seus talentos ocultos. Após essa descoberta, inicia-se o processo de elevação da autoestima, a busca de novos horizontes e até mesmo uma mudança radical de vida ou de negócios em busca de seus verdadeiros sonhos e ideais.

Nosso primeiro entrevistado mostra que seu talento estava desde muito cedo encoberto pelos rótulos que a sociedade impõe às profissões escolhidas.

"A arte foi a ponte que eu atravessei para conhecer o mundo."

Sem dúvida alguma, uma ponte colorida, bonita e bem alegre. Essas são características das quais Romero Britto nunca abriu mão na sua vida.

Romero era uma criança determinada, e conta que o começo de tudo de bom que aconteceu na sua vida veio de sua imensa vontade de ir para a escola.

De família com poucos recursos e morador da periferia do Recife, ele mostra, com sua bela história de vida, que sua vontade de estudar sempre foi a grande motivação que o incentivou a querer descobrir o mundo e a ter uma vida melhor.

Seu objetivo de vida era ser diplomata, pois assim ele acreditava que poderia viajar, morar em vários países e conhecer diversas culturas. Na sua imaginação infantil, acreditava que a diplomacia seria o caminho que iria levá-lo a realizar todos os seus sonhos.

Romero diz que, além dessa vontade incontrolável de querer aprender, desde cedo teve uma percepção diferenciada da beleza. Quando ainda era estudante da escola pública do Recife e tentava obter bolsa de estudo nas escolas particulares, seu objetivo era estudar no conceituado Colégio Marista. Esse desejo não se devia apenas à boa metodologia do colégio, mas também ao fato de que, para Romero, o uniforme composto de camisa azul com o logotipo escrito em branco apresentava uma harmonia e uma organização tão grandes, que ele não poderia desejar estudar em outra escola.

Persistente em sua vontade, conseguiu uma bolsa de estudos depois que os padres pediram que ele levasse sua mãe até lá. Em sua determinação, Romero não sabia que ele mesmo, por ter apenas 10 anos, não podia solicitar bolsas de estudos sem autorização de seus pais!

É claro que, com tanto empenho, conseguiu ser aceito, e a experiência numa escola de melhor padrão social despertou em Romero, além da determinação, uma vontade maior de conhecer mais pessoas, outros países e se tornar um embaixador. Ele sabia que, naquele momento de sua vida, seu mundo era Recife, mas seus sonhos o levavam a acreditar que poderia conhecer outros mundos e outras culturas bem mais interessantes, por meio da profissão escolhida.

Paralelo a isso, aos 14 anos, Romero, que sempre gostou de cores fortes e de imagens bonitas, começou a fazer da pintura uma maneira de distração nas horas em que não estava ocupado estudando ou trabalhando. Sem se dar conta, era iniciada a carreira que traria à sua vida tudo o que almejava. Mas ele ainda demoraria muito tempo para aplicar a estratégia do *endovision* – descobrir e tirar de dentro de si tudo que não fosse efetivamente o Romero Britto artista.

Em plena adolescência, Romero já tinha uma maturidade impressionante. Seu desejo de conhecer o mundo era tão forte e suas atitudes tão coerentes em relação às dificuldades que ele sabia que teria de superar. Em vez de pensar em jogar bola, brincar ou namorar como qualquer rapaz da sua idade, ele investia seu tempo livre em ser útil e prestar pequenos serviços às famílias que moravam em frente à praia e, obviamente, tinham uma situação financeira melhor. Numa amizade surgida por causa desse empenho, ele conheceu um menino cujos pais

> **❝ Eu sabia que o mundo ia além do Recife. E eu queria conhecer o mundo. ❞**

ESTRATÉGIA ENDOVISION

eram proprietários de um curso de inglês. Sem pensar na imensa distância entre sua casa e o local das aulas, Romero fez uma permuta de seus serviços pelo curso. Segundo ele, apesar de ser muito longe, o cansaço das caminhadas de ida e volta não trazia desânimo à sua determinação e

> **❝ Quando você se faz útil, as pessoas querem que você volte... ❞**

vontade de, através dos estudos, ampliar seus horizontes.

O tempo passava e Romero, que sempre se adaptou muito bem às regras e que se mantinha firme na ideia de que seu destino era ir para o Itamaraty, queria construir um histórico de vida que fosse realmente voltado para a profissão escolhida. Ele pensava longe e, logo que concluiu o ensino médio, se alistou no exército para, além de cumprir seu dever civil, constituir um currículo que fosse compatível com a tão sonhada carreira de embaixador.

Sua família achava que ele deveria seguir a carreira militar, mas ele acabou indo cursar Direito, pois era este o curso próprio dos pretendentes ao Instituto Rio Branco. Ainda pensando no investimento para a carreira escolhida, Romero conseguiu ir para a Europa e passou um ano estudando e trabalhando por lá.

Talvez nesta primeira viagem ao Velho Mundo, ao conhecer museus maravilhosos e ter acesso a obras de artes milenares e a uma cultura na qual o artista sempre foi muito valorizado, Romero tenha começado a sentir que talvez pudesse estar equivocado em relação à escolha da profissão. É possível que esta viagem tenha sido a primeira fase da lapidação do artista ao qual, até então, ele não havia prestado atenção e que sempre estivera dentro dele.

Mesmo com essa ebulição interna começando a se manifestar, Romero retornou ao Brasil e retomou seu curso de Direito. O que havia de diferente é que, agora, o mundo dele já não era formado apenas pela cidade de Recife. Algo dentro de si dizia que talvez a carreira diplomática não fosse tão especial assim.

A vivência no exterior fez com que sua percepção ficasse mais ampla e Romero começou efetivamente a olhar para dentro de si mesmo e a procurar em seu interior o artista que sempre esteve escondido ali.

A faculdade e seus projetos de infância já não eram mais tão importantes e, numa dessas coincidências que acontecem no momento certo, ao receber o convite de um amigo para conhecer Miami, Romero não pestanejou e saiu do país em busca de mais conhecimentos e oportunidades.

A princípio, sua vontade era passar pouco tempo em Miami, ir até Nova York, Londres e voltar ao Brasil. Mas, de Londres, Romero resolveu retornar a Miami, lugar pelo qual ficou vivamente impressionado, e lá tentar se estabelecer para "fazer a América". Como o começo sempre é difícil, ainda mais quando se é estrangeiro em outro país, para poder se manter, Romero tornou-se prestador de pequenos serviços – cortava grama, lavava carros, entregava pizzas e vendia seus quadros numa feirinha local.

É muito interessante a colocação que Romero faz quando conta sobre os serviços prestados antes de se tornar a referência que é hoje. Ele diz que, apesar de ter pegado no pesado por bastante tempo, sempre fez o que gostava. Gostava de plantas, foi ser jardineiro; gostava de carros, foi ser lavador; gostava de comida, foi entregar pizzas e por aí vai. Isso mostra que, mesmo inconscientemente, ele sempre teve o *endovision* muito forte em si, e que mesmo tendo levado tempo para fazer deslanchar o seu lado artista, jamais se violentou fazendo algo de que não gostasse.

E assim ele ficou, até que seus quadros começaram a fazer um relativo sucesso entre os que circulavam pelo bairro no qual morava. E, ali, Romero descobriu que dentro dele estava a chance de se tornar um "diplomata da arte" e conhecer o mundo através do talento que, até então, estava em segundo plano na sua vida. Seus quadros faziam tanto sucesso na feirinha, que um senhor com o qual ele já havia tentado entrar em contato por diversas vezes – que nunca havia lhe dado atenção e que possuía conhecimento de artes –, ao receber, por meio de um comprador, um modesto portfólio dos quadros pintados por Romero, pediu para começar a negociar suas obras em uma pequena galeria do bairro em que viviam.

Depois de alguns meses, aquele senhor para o qual Romero havia consignado suas obras passava por um grave problema e precisaria fechar seu espaço. Então ele perguntou se Romero não gostaria de continuar ocupando o espaço que usava para negociar as obras de arte até que o contrato de aluguel se extinguisse. Chegando ao local, Romero ficou chocado com a desorganização do estabelecimento. O lugar, que antes abrigava um salão de cabeleireiros, estava completamente bagunçado e sujo, não correspondendo em nada à imagem que ele gostaria de passar através de suas obras. As paredes eram de veludo cor-de-rosa, e Romero achava inacreditável que alguém pudesse ter chamado aquilo de "galeria". Sem pensar duas vezes, ele começou uma operação-faxina no ambiente, limpando e pintando tudo, fazendo do local um verdadeiro estúdio, onde ele poderia expor suas obras com dignidade.

A força de vontade do nosso personagem lhe rendeu muitos frutos. Com um lugar limpo, bonito e bem organizado, no qual ele, por medida de economia, exercia sozinho todas as funções pertinentes a uma galeria, passou a vender muitos quadros e a se tornar um artista conhecido nas proximidades.

Foi quando Romero passou a se dedicar exclusivamente à pintura e começou a desenvolver um estilo que, anos depois, o tornaria uma celebridade mundialmente conhecida e admirada.

Feita a descoberta de seu *endovision* e a lapidação completa de seu artista interior, Romero passou a ter consciência de todo o potencial existente dentro de si e, a partir de então, com a certeza de que o sucesso viria através daquilo que sabia fazer bem, o mundo começou a lhe trazer melhores surpresas.

Durante a visita de um cliente, Romero recebeu a proposta de fazer um trabalho para uma grande empresa americana. Ele deveria colorir com seus desenhos uma embalagem que seria distribuída aos clientes desta empresa em todos os Estados Unidos!

Fazendo um movimento inverso à maioria dos artistas, Romero foi lançado primeiro no mercado publicitário do que em galerias como é de praxe.

Logo depois, a megaempresa americana Pepsi-Cola também contratou Romero para que ele estampasse uma coleção de latinhas de refrigerante.

> **66 Eu quero que minha arte possa chegar perto das pessoas. É isso que eu mais quero. 99**

O convite para criar desenhos em produtos foi muito mais que um grande golpe publicitário para as empresas contratantes.

A divulgação das peças publicitárias referentes aos produtos ilustrados com a arte de Romero foi o trampolim que levou este brasileiro às galerias do mundo inteiro, inclusive no Brasil, onde era quase desconhecido.

Ter sua arte reconhecida em seu próprio país, segundo ele, foi uma das melhores sensações de sua vida.

Depois de muitos anos morando no exterior e de ter conseguido se tornar um artista muito famoso por lá, Romero conta que uma de suas maiores alegrias foi poder voltar e mostrar seu talento no Brasil. Ele pôde realizar seu desejo de conseguir fazer sua arte chegar às pessoas, independente da classe social e da localização geográfica, quando foi convidado pela empresa Unilever para estampar com seus lindos desenhos uma caixa de sabão em pó de marca muito conhecida.

> *"Eu respeito demais as pessoas que gostam de mim. Trato os admiradores da minha arte e meus fãs como gostaria de ser tratado. Minha maior alegria é poder dar à minha família todo o conforto que eu gostaria que o povo da minha terra tivesse. Penso que Deus dá a cada ser criado por ele um talento oculto e que a grande graça de nossa existência é descortiná-lo, é fazer desse dom aquilo que vai nos tornar pessoas melhores e mais felizes. Desejo de todo o meu coração que o mundo possa se tornar bonito e colorido para todos. Desejo sinceramente que cada um possa fazer do seu talento sua grande felicidade e também seu ganha-pão."*

Palavras otimistas e alegres determinam o brilhantismo do nosso ilustre entrevistado. Quantas vezes omitimos nossos talentos pessoais e corporativos em detrimento de uma recompensa financeira ou até mesmo por falta de coragem de fazer algo realmente revolucionário?

Será que o adiamento ou até mesmo o esquecimento dos nossos sonhos não são frutos da nossa acomodação?

O SHOW É VOCÊ

Uma coisa é certa: Romero Britto não teve receio algum de investir no que mais gostava, como ele mesmo diz:

"Posso ser jardineiro se eu amar as plantas; ser lavador de carros se eu gostar de automóveis e posso fazer tudo isso bem-feito e com prazer, sem me importar com que os outros irão achar de mim. Inclusive, nenhum desses trabalhos impediu a minha arte de crescer, pois hoje eu desenho plantas, carros, borboletas, gatos e faço sucesso porque acreditei que poderia continuar usando essa energia positiva, de enxergar sempre o lado bom das coisas, a meu favor".

O *endovision* sempre existiu na vida de Romero Britto, como sempre existirá na sua vida. Faça tudo o que você tiver de fazer, tentando encontrar prazer em cada atitude, procurando enxergar o lado positivo de cada coisa que faz. Talvez neste momento da sua vida você não esteja exercendo a atividade desejada, mas isso não impede que continue sentindo prazer no que faz enquanto busca a realização que tanto almeja.

O brilho no olhar que encontramos quando vemos uma pessoa fazendo aquilo de que realmente gosta, mesmo sendo uma atividade considerada humilde, é recompensador. É um diferencial que cedo ou tarde trará mudanças e sucesso a essa pessoa.

Também terá sucesso na vida o indivíduo consciente de que a dedicação e o respeito ao que se faz trarão frutos futuros, mesmo que, por qualquer motivo, não seja exatamente a ocupação que naquele momento o faria feliz. Sem dúvida, a sorte também o encontrará, e as pessoas à sua volta reconhecerão seu empenho em ser um profissional dedicado ou uma pessoa melhor.

ESTRATÉGIA ENDOVISION

Não se deixe abater por situações negativas. Não acredite que você não chegará aonde deseja pelo simples fato de sua mente estar em branco, sem ideias ou esperanças. Lembre-se de que todas as telas começam assim.

> **Todas as telas nascem em branco. A decisão de colorir é toda sua.**

O grande privilégio da existência humana é podermos escolher as cores com as quais iremos pintar os quadros das histórias das nossas vidas. Então, seja forte e escolha cores bonitas, mesmo nos momentos tristes.

Encontre belas tintas e alegres motivos para colorir sua história, assim como o nosso querido Romero Britto fez na vida dele!

Telas em preto-e-branco não trarão à sua vida o sucesso que você merece!

Full Feeling

Estimular a percepção com profundidade

Carlos Alberto Julio
Empresário, palestrante e autor

> *Perceber que uniões e situações inusitadas podem se tornar produtos ou serviços interessantes.*

O que é percepção?

Com base no dicionário *Aurélio*, percepção é o ato, efeito ou faculdade de perceber.

Parece fácil, porém, no dia a dia, quando pressionados, estressados e envolvidos em mil e uma atividades, dificilmente temos tempo para parar, analisar e perceber o que precisa ser mudado no nosso trabalho ou em nossas vidas.

No mundo dos mágicos, o *full feeling* é amplamente utilizado para a perfeita execução do roteiro de um show. Antes de criar a sequência dos truques que serão usados, o mágico analisa com profundidade o palco, o lugar, a cultura do público e as expectativas dos contratantes. Ao colher essas informações, ele poderá vislumbrar o espetáculo e ter um *pre-feeling* (pressentimento) do que pode vir a ser a sua atuação.

Porém, será no auge de sua adrenalina, na hora do show, no desafio do palco perante a plateia ansiosa, que ele usará o *full feeling* (percepção com profundidade) para ter os *insights* (ideias e improvisos) necessários para que seu show seja um sucesso.

O controle da percepção, antes e durante o espetáculo, é uma das ferramentas fundamentais do mágico para saber tomar as decisões certas na hora certa, mesmo estando sob forte pressão, pois todos na plateia querem descobrir o seu segredo.

Full feeling é a total sensibilidade, é estar alerta para aproveitar toda e qualquer oportunidade que apareça em sua performance com o objetivo de tomar decisões e agir de forma ousada para impressionar o público.

Neste capítulo, queremos mostrar que, assim como o mágico, você pode estar atento a tudo que acontece à sua volta. Com um pouco de treinamento, é possível desenvolver essa percepção apurada na sua rotina e fazer dela um instrumento de captação de oportunidades que o torne um empreendedor de sucesso, como foi o caso do nosso entrevistado a seguir.

"Acho que minha percepção maior está no entendimento das pessoas."

Assim, Carlos Alberto Julio começa a falar de um assunto sobre o qual ele já provou entender e usar muito bem: a percepção!

Sua vida é uma história que muitos podem achar incrivelmente permeada de sorte, mas, analisando a fundo, podemos ver que a sorte, se realmente existiu, foi absolutamente "percebida" pelo nosso personagem e completamente absorvida por ele.

Sair de um bairro de classe baixa de São Paulo aos 13 anos de idade para trabalhar e poder continuar os estudos, tornando-se hoje um dos mais brilhantes empresários do país, não pode ser considerado somente um golpe de sorte ou do destino.

Desde muito novo, Carlos Alberto Julio aprendeu que precisava saber exatamente onde estavam as oportunidades e ir até elas, pois, se assim não fizesse, provavelmente seria muito difícil alcançar seus objetivos e realizar seus sonhos.

Filho de um comerciante português, trazia na sua origem a necessidade de adaptação que só os que deixam a terra mãe em busca de novos caminhos têm.

Ele nos conta que começou trabalhando no varejo por uma necessidade financeira, e logo percebeu que seu grande talento nato era fazer negócios. Essa percepção foi ainda mais longe quando ele viu que tinha um diferencial em relação aos que executavam o mesmo tipo de serviço e que este fator era algo que, sem dúvida, faria a diferença em algum momento da sua carreira. Julio gostava muito do que fazia e sentia orgulho de ostentar um título que muitos no mercado abominam: o de ser vendedor!

Assumir explicitamente a profissão de vendedor é um difícil passo até mesmo nos dias de hoje. Quantas vezes presenciamos o disfarce desse nome por motivos de discriminação? Frequentemente a própria pessoa se oculta atrás de várias nomenclaturas, como Consultor Técnico, Representante de Marketing, Assessor Comercial, somente para não ter de admitir que na verdade é um vendedor.

Aos 17 anos, Julio teve sua primeira grande frustração. Passou no vestibular da disputada Fundação Getulio Vargas e não pôde se matricular, pois o curso escolhido era diurno e ele trabalhava neste período, não tendo condições de abrir mão de seus proventos.

Por isso, ainda tão jovem, mais uma vez foi obrigado a parar e tentar perceber onde poderia se encaixar para concretizar seus sonhos e objetivos sem sair do foco, no qual, pela experiência adquirida nos anos trabalhados, já era um especialista e que já fazia tão bem, que era a arte de vender. Este triste episódio fez brotar em Julio a expectativa de uma realidade palpável e de um nicho de mercado ao qual

> **"Frustrações também podem ser oportunidades."**

poderia se dedicar sem comprometer seu horário de trabalho. E, assim, resolveu se matricular no curso de Comércio Exterior.

Nesse curso, na Faculdade de Administração de São Paulo, um professor conseguiu uma vaga para que ele trabalhasse numa *trade*. Com apenas 20 anos e sem nenhuma experiência, Julio foi vender produtos brasileiros no exterior. Com uma malinha debaixo dos braços, correndo riscos de saúde e até de vida, ele partia em direção aos países africanos, muito deles ainda em fase de guerrilhas. E assim, oferecendo todo tipo de produto em um caminho que muitos considerariam extremamente arriscado, ele encontrou uma grande oportunidade e conheceu a maioria dos países do mundo.

Julio diz que isso foi muito proveitoso tanto no âmbito profissional como no pessoal. A experiência vivida por ele significava muito mais do que só levar e vender novos produtos. Devido à falta de estrutura e capacidade administrativa de compra de alguns países africanos no período pré-revolucionário, ele mesmo precisava identificar, fazer a relação de compras, orçar e muitas vezes ir até o Ministro de Estado dessas nações para conseguir liberar as negociações.

Essa rica e difícil vivência fez com que um orientador da faculdade que Julio cursava se interessasse por aquele aluno tão jovem e já rico em experiências de vida. E não eram experiências que ficavam somente na teoria como acontecia com os demais alunos, mas ocorriam na prática, nos temas diários tão debatidos em aula. Isso motivou este orientador a fazer um convite que mudaria para sempre sua trajetória de vida. Ele trouxe à tona algo que, até aquele momento, não havia sido percebido por Julio. Graças àquele professor perspicaz, ele descobriria o que realmente o encantava e que, junto com a arte de vender, se transformaria na sua grande motivação: a arte de lecionar!

" E eu descobri o meu palco: a arte de lecionar. "

Apesar da relutância que Julio teve, de talvez não conseguir atender às expectativas de seus futuros alunos, tanto por falta de experiência na vida acadêmica como por viajar demais, seu orientador, que tinha uma visão totalmente inovadora, o convenceu de que eram exatamente essas viagens, essa vivência da função de Comércio Exterior que ele conhecia tão bem e tão a fundo, que fariam o diferencial da sua aula.

Sua entrada na vida acadêmica foi o que mudou sua história. *"Suei, sofri, tremi."* Mas, mesmo assim, Julio adorou a experiência e descobriu que jamais poderia deixar de ser professor. Ele tinha a percepção muito forte de que, a partir daquele instante, para que se sentisse um profissional realizado e bem-sucedido, sua "vaidade" exigia que, independente do que fizesse nas outras áreas de sua profissão, ele fosse um professor. Essa "vaidade" seria sua realização pessoal, pois ele se sentia extremamente feliz em dar aulas, usando plenamente o seu *full feeling* como instrumento essencial para tornar as aulas inovadoras e interessantes.

Julio tinha a percepção de que ser professor enriquecia, mas diante de uma turma com mais de 200 alunos, ainda segundo ele, a realidade lhe mostrou que ensinar é um grande atalho para aprender. Afinal, de que lado estaria o conhecimento? Um único professor, diante de tantos alunos, de tantas experiências de vida, de tantas histórias. E, mais uma vez, sua aguçada percepção o fez vislumbrar que, muito além de ensinar, ele precisava inspirar seus alunos, mostrando-lhes o amor que tinha por sua profissão e o quanto fazer aquilo lhe proporcionava realização.

Neste meio-tempo, o mundo corporativo trazia à vida de Julio novos e ousados desafios.

Convidado para ser vice-presidente de uma empresa alemã de mobiliários de escritório que tinha grande potencial para crescer, mas que naquele momento não estava muito bem, ele trilhava por caminhos novos e completamente diferentes do tão conhecido mundo do Comércio Exterior.

Devido ao sucesso da sua empreitada junto à empresa de mobiliários, Julio se tornou ainda mais conhecido no mercado e foi convidado para ser presidente de uma multinacional. Coincidentemente, junto com esse novo desafio, ele passou por um grande susto, tendo um grave problema de saúde, acreditando inclusive que ia morrer.

Dessa reflexão que só situações-limite trazem, ele recusou diversas propostas de voltar ao mundo corporativo, optando por finalmente resgatar seu sonho e trabalhar só com o que realmente amava: a educação.

Mas, segundo Julio, o universo ainda conspirava a seu favor, tentando juntar na sua vida as duas coisas de que ele mais gostava. E, nessa reinvenção, de empresário-professor para professor-empresário, ele percebeu que poderia voltar ao mundo corporativo, na área que lhe trazia total realização. Este *full feeling*, que foi a percepção de que essa união inusitada podia se tornar uma situação interessante, ocorreu quando a empresa de educação executiva HSM o convidou para ser seu presidente.

> **" Ensinar é um grande atalho para aprender. "**

A sinergia dos talentos de Julio, tanto para o mundo corporativo como para a educação, fez com que a empresa deslanchasse e fosse levada para 14 países, tornando-se uma das mais respeitadas do mercado.

Hoje, Julio dá aulas em diversas instituições de renome, inclusive na Fundação Getulio Vargas, e é presidente da Tecnisa, empresa que vinha crescendo rapidamente e precisava ser "redesenhada" por alguém que tivesse um *full feeling* desenvolvido em todos os aspectos e ampla experiência em desafios.

> *"Não tenho dúvidas de que minha 'aposentadoria trabalhando' vai ser dando aulas. Talvez continue fazendo palestras, procurando de alguma forma ensinar e ajudar jovens executivos a se realizarem. Saber ouvir a minha percepção fez com que tudo que desejei na minha vida profissional virasse realização. Penso que, para traçar um caminho rumo às conquistas de nossos desejos, é fundamental saber aonde queremos chegar. E asseguro que, se você souber ouvir a sua percepção, ela pode perfeitamente lhe informar isso!"*

Essa é a história de um homem que soube aproveitar os desafios usando *full feeling* nos momentos de tensão.

Quantas vezes em sua carreira você percebeu o que precisava ser mudado para melhorar a sua empresa ou a sua vida, porém não soube analisar com profundidade uma maneira de expor adequadamente suas ideias? Ou simplesmente você não soube perceber a hora certa para que elas fossem aproveitadas integralmente?

Ou quantas vezes você presenciou a implantação de uma ideia inovadora, que certamente já havia passado pela sua cabeça, mas que por algum motivo você não soube expressar no momento certo?

A miopia empresarial e o engessamento de ideias são um mal intrínseco da rotina do dia a dia corporativo e até mesmo do cotidiano do cidadão comum. Perceber novas possibilidades depende da aceitação de críticas ou sugestões advindas de pessoas que muitas vezes não fazem parte de nosso universo corporativo ou pessoal e, por isso, têm uma percepção completamente diferente da nossa.

Um grande amigo e também palestrante, já falecido, chamado Eduardo Botelho, usava uma história engraçada para justificar a sua contratação por grandes empresas, muitas vezes para dizer o óbvio aos seus ouvintes: "Um palestrante externo não deve ser contratado somente para falar. Ele deve ser contratado para levantar as saias das freiras".

O que o genial Eduardo Botelho queria dizer com isso?

Os condicionamentos impostos pelas grandes corporações muitas vezes engessam a criatividade e a autocrítica de seus funcionários. Estes se portam como "freiras" que aceitam o dogma imposto e se acomodam em uma rotina enfadonha, em que cada um faz a sua "prece" para "salvar a sua alma". Com esse comportamento, se isolam em sua "reza diária", perdendo completamente a percepção do todo e anulando possibilidades de parcerias com seus colegas colaboradores.

Frequentemente, as equipes de uma empresa são desafiadas a buscar a superação das metas. Porém, não podem fugir aos padrões impostos nos pilares da empresa. O caminho para que as inovações surjam e possam ser colocadas em prática muitas vezes é mais difícil do que se espera, sendo necessário não apenas "levantar as saias", mas "rasgar os hábitos das freiras" que possuem 20 anos de empresa e não querem aceitar que, na maioria das vezes, é preciso mudar para crescer. É preciso perceber que, sob a saia de toda freira, inevitavelmente existe uma mulher, assim como por baixo dos hábitos e dogmas empresariais existe um indivíduo criativo, capaz de gerar novos frutos, se for estimulado a isso.

Atualmente a percepção pode ser aguçada nas empresas quando estas passam a usar um sistema de gestão participativa. Nesse sistema, cada colaborador não se limita a cumprir apenas a sua função, mas tem a oportunidade de opinar, criticar e dar sugestões em reuniões colaborativas entre os setores. Esse tipo de metodologia corporativa, em que cada profissional procura analisar a visão do todo, permite que os gestores desenvolvam uma sensibilidade extra para detectar novas virtudes em sua equipe, assim como novas possibilidades inexploradas em um ambiente muitas vezes desgastado pela mesmice e engessado pela falta de visão dos parceiros e colaboradores.

Se a sua empresa investir na descoberta de novos talentos em velhos parceiros ou colaboradores, quem sabe ela não consegue encontrar novas soluções onde só havia estagnação?

Para aumentar seu grau de percepção ou seu *full feeling* na busca de algo de novo em situações rotineiras, é preciso reciclar, e reciclar na maioria das vezes dói.

E por que dói?

Porque, para que uma reciclagem efetiva aconteça, é preciso fragmentar e reconstruir a estrutura do que estamos reciclando. Por exemplo, para reciclar papel, devemos moer, decompor, filtrar as impurezas para, enfim, aglutinar as moléculas e criar uma nova superfície de escrita.

Analogicamente, em uma equipe de trabalho, todo esse processo decerto causará grandes contrariedades em indivíduos pouco dispostos a assimilar uma nova estrutura.

> **Novas percepções muitas vezes nascem em velhas feridas.**

Muitas vezes, quando reciclamos papel, perdemos algumas folhas que não conseguiram se adaptar às outras – elas ressecam e racham, pelo simples fato de sua composição não aceitar o contato com uma nova substância.

Mesmo que, primariamente, todas tenham sido celulose, não quer dizer que ao fim do processo todas serão reaproveitadas como papel.

Nas grandes empresas e mesmo nas vivências do seu dia a dia, reciclar pessoas é mais que um aprendizado propriamente dito. É uma nova descoberta do indivíduo buscando resgatar o profissional brilhante e engajado que ele era no começo da carreira e que, em algum momento, perdeu-se pelo caminho.

Obter uma nova percepção em qualquer âmbito da vida depende de uma entrega total e irrestrita em busca de um sonho maior, mesmo que você aparentemente já o considere perdido, uma vez que as oportunidades mudam com o decorrer dos tempos. Sempre há a possibilidade de reciclar, resgatar e realizar um novo papel no mundo corporativo ou pessoal. Basta você querer!

Ponto de Luz

Imaginação

De certa forma, os mágicos ainda existem porque nos fazem sonhar, acreditar que algo inexplicável está acontecendo, ao vivo, na frente de nossos olhos. Essa arte, que existe há tantos séculos, nos dias de hoje, em que vivemos cercados de atribulações, serve para resgatar nossa infância, muitas vezes perdida entre cálculos e planilhas que só adultos entendem e que tiram do nosso dia a dia o encanto trazido pela imaginação. Ver um mágico atuar é como uma viagem à terra do nunca, onde podemos voar, desafiar a espada do Capitão Gancho e ter a certeza de que lutaremos contra inimigos poderosos, mas tudo acabará bem. Portanto, meu amigo leitor, abandone de vez a necessidade de querer descobrir como o mágico faz o truque durante o show. Esse pensamento só vai atrofiar a sua alegria e prendê-lo no chão do palco. Deixe, uma vez por outra, aquela imaginação fértil que você tinha quando criança voltar a desabrochar nos seus devaneios. Deixe-se enganar, encantar. Acredite que a mágica é real durante cada ato, que não estamos ali para enganá-lo e dizer que você foi incapaz de descobrir nossos segredos. Estamos ali porque amamos o palco, dedicamos horas ensaiando os gestos, as performances e, até mesmo, as músicas para fazer você chorar de rir e esquecer a dura realidade do mundo. O papel do mágico nos dias de hoje é mais do que fazer você e seus filhos sonharem. É tentar resgatar, lá no fundo do seu coração, a criança sonhadora que está escondida e esquecida em algum lugar na sua alma.

Permita-se sonhar, permita-se ser ludibriado pelas suas tão experientes retinas, permita-se participar de um show que foi preparado exclusivamente para você.

Dê a si mesmo a oportunidade de sorrir das lembranças infantis que certamente virão à sua mente quando você deixar a sua imaginação fluir. Essas lembranças se tornarão um bálsamo que irá trazer alívio nos momentos em que, pressionado por trabalho ou por problemas pessoais, você se sentir sem ter para onde correr. Corra para dentro da sua imaginação e não se esqueça de que lá você sempre poderá mais que os seus inimigos, sejam eles quais forem!

Estratégia Talentmakers

Perceber e desenvolver o talento das pessoas

César Souza
Empresário, consultor, palestrante e autor

Como saber ser um líder que forma outros líderes para alcançar seus objetivos, inovando nas ideias e atitudes.

Talento para liderar é uma capacidade que poucos desenvolvem. Talento para liderar e formar outros líderes é uma virtude ainda menos desenvolvida no mundo corporativo.

No passado, ser líder sempre foi sinônimo de ser o guardião da sabedoria, e nunca o mentor de uma equipe. Sempre que assistimos a filmes épicos, temos a figura do imperador e de seus seguidores, de reis e seus serviçais, de ditadores e seus partidários, e inúmeros exemplos de liderança que podemos considerar como autoritária.

Nos tempos antigos, os mágicos também eram conhecidos como magos da corte ou sacerdotes dos faraós. Eles possuíam o seu poder hierárquico e comandavam com severidade seus auxiliares. Nem lhes passava pela cabeça a possibilidade de dividir seu conhecimento e passar adiante os segredos dos seus truques. Eles se preocupavam em se manter no poder, assegurando seus privilégios e retendo o conhecimento pelo maior tempo possível.

Já os mágicos de hoje aprenderam a usar a persuasão e a capacidade de influenciar para melhorar o aprendizado e a convivência com seus partners. Aprenderam que dividir conhecimento é a única forma de manter viva a arte, engrandecer seu nome e aprimorar suas técnicas. A sábia atitude de compartilhar segredos com outros mágicos faz com que os que tomam essa iniciativa tenham o respeito dos colegas e o respaldo profissional para suas criações.

Um mágico é considerado um *talentmaker* quando percebe que um dos integrantes da sua equipe possui aptidões para ser um sucesso e não tem medo de ensiná-lo a aprimorar suas virtudes. Com o objetivo de amanhã oferecer a seu pupilo um lugar no palco, este líder tem segurança, conhece bem seus méritos e sabe que formar profissionais brilhantes e competentes pode ser considerado mais um desses méritos. Todos os grandes empreendedores sabem como é importante ter uma boa equipe. Sintonizada, conectada e muito motivada. Infelizmente, só alguns desenvolvem o *talentmaker*, que nada mais é do que a aptidão de um grande gestor para encontrar e lapidar novos talentos.

A sustentabilidade de um projeto depende profundamente da motivação do líder para fazer desabrochar o talento da equipe envolvida.

O caso que analisaremos a seguir é de um profissional que apostou na sua capacidade de superação e, mesmo tendo atingido grandes objetivos, não se acomodou e foi buscar novas metas para extrapolar ainda mais seus limites e formar outros líderes.

"Tudo de mais importante que aprendi na vida foi de fato, e não de teoria. O aprendizado emocional foi o que fez a grande diferença na minha história pessoal e na minha carreira."

Assim o inteligente e desprendido César Souza começa seu depoimento.

Filho do estado da Bahia, César é motivo de orgulho e admiração de seus conterrâneos.

Criança com visão bem mais apurada do que a maioria e empinador de pipas de mão cheia, ele sentiu, ao praticar essa inocente brincadeira, a primeira chama do empreendedorismo acender em sua alma.

Cansado de ver todas as pipas serem feitas em apenas uma cor, César resolveu inovar e produziu, para uso próprio, a primeira pipa colorida na Salvador dos anos 60. O sucesso foi tão grande que os meninos da rua não perdiam tempo em tentar "cortar" e se apoderar da pipa de César. E assim foi até ele se dar conta de que, se levasse outras pipas além da que ele soltaria, poderia vendê-las a seus amigos e empinar a sua em paz. O sucesso foi estrondoso e César, sem notar, além de empreendedorismo, acionou no seu interior a consciência do lapidador de talentos ao recrutar parentes e vizinhos como parceiros, convencendo-os de que as pipas eram um bom negócio para todos. Juntos, começaram a produzir e vender em torno de 250 pipas coloridas por dia!

De um simples empinador, ele se transformou em um empreendedor. Conquistou o apoio de sua mãe, que acreditava em seu potencial e investia seus poucos recursos comprando os papéis coloridos para que ele pudesse fazer as pipas. Juntou parentes e amigos, mobilizando-os para acreditar em seu projeto inovador, apesar de sua precoce idade, pois tinha apenas 9 anos!

Sua visão de futuro foi além do que poderíamos esperar de uma criança pobre de Salvador, ao conseguir ganhar dinheiro vendendo pipas. César pensava em ter um futuro melhor do que o do seu pai, que, apesar de sempre tê-lo apoiado e incentivado, era um pescador de pouquíssimas posses, que só foi alfabetizado aos 20 e poucos anos de vida. Ele pensava grande e, em vez de gastar seu dinheiro com brinquedos e doces, o que seria natural na sua idade, investiu os ganhos do trabalho de fabricante artesanal de pipas coloridas na educação: como estudava em escola pública, decidiu pagar e frequentar uma escola particular.

Com a expectativa de um futuro melhor, em sua adolescência César se esforçou e frequentou o Colégio de Aplicação, que funcionava como um anexo à Faculdade de Filosofia da Bahia.

Naquela época, meados da década de 1960, o país vivia uma grande ebulição política com a mudança de governo e a imposição do Regime de Exceção. Mais do que isso, a cultura brasileira inovava com o despertar do Tropicalismo e o surgimento de nomes que fariam a história das artes e da música brasileira. Salvador, por estar fora do eixo mais visado pelo regime governamental vigente, era muito procurada pelos que queriam se preservar e continuar exercendo suas atividades artísticas sem sofrer ou causar maiores problemas.

Assim, no auge da adolescência, César pôde presenciar *in loco* todos esses acontecimentos e beber na fonte das imensas mudanças de conceitos culturais que aflorariam na época. Presenciou a primeira vez que Gal Costa pisou num palco, no teatro Vila Velha, teve a oportunidade de ouvir um inspirado Caetano Veloso dedilhar *Alegria Alegria*. Assistiu ao filme *Terra em transe* voltar vitorioso de Cannes e ser apresentado pelo próprio Glauber Rocha numa sessão especial de cinema; presenciou também a expressão "cinema novo" ser pronunciada pela primeira vez.

Isso entre outros episódios extremamente peculiares que, sem dúvida, ajudaram a lapidar em César o senso crítico e a sensibilidade para apreciar a formação de talentos, fossem eles artísticos ou não.

Seguindo o curso natural da grade escolar, ele continuou seus estudos no Colégio de Aplicação até terminar o que hoje seria o ensino médio. Na sequência, conseguiu aprovação no vestibular para a Faculdade de Administração, numa das suas primeiras turmas, já que era um curso pioneiro no Brasil.

O quadro dos professores que faziam parte do corpo docente da faculdade formou o time de pessoas que, segundo César, foram de alto estímulo para ele durante essa fase de sua vida. O incentivo, a atenção e a credibilidade fizeram com que ele acreditasse em si mesmo e na sua capacidade de enfrentar um novo mercado de trabalho trazido pelo curso recém-criado.

Mais uma vez, a chance de ter quem acreditasse nele trouxe a César uma grande oportunidade de mostrar ao mundo sua imensa vontade de dar certo.

Durante um evento na faculdade, César foi apresentado a um professor russo, naturalizado americano, chamado Igor Ansoff, vice-presidente de uma grande empresa de aviação nos EUA e professor da Universidade de Vanderbilt.

Igor havia ido a Salvador falar sobre um programa de mestrado que ele estava lançando, chamado *Master in Management*. O programa trazia um conceito totalmente inovador, desenvolvido e aplicado pelo professor Ansoff. Sua vivência numa empresa de armamentos desencadeou nele a percepção de que eram necessárias mudanças urgentes na maneira de pensar e fazer gestão empresarial. Ele é considerado o pai do conceito "Estratégia Empresarial". Antes dele, a palavra "estratégia" jamais havia sido usada junto da palavra "empresarial". Ele foi o autor do livro *Business Strategy*, lançado em 1965 e considerado o primeiro *best-seller* na área de administração. Apesar de ainda não ser fluente no inglês, César ficou fascinado ao ouvir esse professor discursar, e mais ainda com o domínio de público e conhecimento profundo do assunto que ele possuía.

Seus orientadores, acreditando mais uma vez em sua capacidade, apresentaram o professor Ansoff a César, que acabou indo fazer seu mestrado na

> **❝ Ouvi dizer que Administração era um curso para aprender a cuidar do negócio dos outros. ❞**

Universidade de Vanderbilt, tendo este ícone e novo incentivador como coordenador de sua tese de mestrado.

Ao retornar do curso, César começou a trabalhar em pequenas empresas, até ser convidado a ingressar na Odebrecht como assessor do fundador e presidente para assuntos de Recursos Humanos.

Existe um fato na história de César com a empresa Odebrecht que merece um destaque. Ao convidar César, o engenheiro Norberto Odebrecht fez questão de lhe dizer que aquele convite estava sendo feito para que ele o ajudasse a montar uma "fábrica de líderes".

Essa atitude, vinda de um empresário muito bem-conceituado e importante, foi o fator decisivo para que ele aceitasse trabalhar na empresa. A visão inovadora que o líder da empresa revelou, de valorizar a importância de se investir no desenvolvimento de novos profissionais e pensar na sustentabilidade para o futuro da companhia, foi mais um item que faria diferença quando César procurasse por sua própria reinvenção.

César passou por vários setores da empresa, foi diretor de negócios internacionais, conheceu o mundo e muitas pessoas. Conviveu com profissionais da sua e de outras áreas e diversos executivos de todos os cantos do planeta. E nesse imenso circuito de conhecidos, ele se lembra com respeito daquele que intitula como o melhor executivo que já conheceu: Renato Baiardi.

César conta que Renato era um verdadeiro descobridor de talentos. Passados 30 anos desde que eles tiveram a oportunidade de começar a trabalhar juntos, César acredita que a grande maioria dos executivos considerados verdadeiramente influentes e que fizeram a empresa Odebrecht se tornar uma das maiores do mundo foi identificada, apoiada e formada por Renato Baiardi, numa verdadeira escola de líderes.

E por que César Souza faz questão de citar tantos nomes em uma entrevista que deveria ser só sua?

Porque, segundo ele, tudo o que conseguiu se deve ao fato de que em todos os momentos de sua vida sempre houve pessoas que apostaram fortemente na sua capacidade.

Ele lembra que, no momento em que deslanchou profissionalmente e conseguiu coisas importantes na vida, fez um retorno ao passado e começou a perceber uma lista de pessoas que investiram e acreditaram nele, sempre em momentos-chave.

Seus pais, que, mesmo com toda a simplicidade e as restrições impostas pela falta de recursos, sempre o incentivaram a estudar e melhorar de vida; os professores de uma maneira geral, mas em especial aqueles da faculdade, que lhe abriram portas ao apresentar quem, no futuro, seria o orientador de sua tese; os empresários Norberto Odebrecht e Renato Baiardi, que investiram no seu potencial profissional. Reconhece também o apoio de outros executivos, como os "quatro Luízes" – Villar, Almeida, Oswaldo e Teive –, além de Emílio Odebrecht, que começava a assumir a liderança da empresa, para não enumerar vários outros colegas.

César surpreendeu ao comentar que, de certa forma, agradece até mesmo a quem tentou prejudicá-lo. Hoje ele pensa que mesmo aqueles que apostaram contra acabaram estimulando-o e se tornaram um

> **❝ As pessoas me estimularam, mas ninguém me entregou nada de mão beijada. Tive que tomar a iniciativa e descobrir meu próprio caminho. ❞**

incentivo para que crescesse, melhorasse cada vez mais e encontrasse seu próprio caminho.

Todos esses episódios foram um grande aprendizado para César e, com base nisso, em sua vida profissional, ele sempre procurou ter uma postura de abrir portas para os outros e ajudar as pessoas a desbloquear o que ele chama de "energia negativa". Essa é uma definição que César criou para qualificar atitudes arcaicas e limitadas, que muitas vezes impedem um profissional de criar oportunidades para outro e libertar potenciais escondidos e mal-aproveitados.

E, assim, ele deslanchou na Odebrecht, tornando-se um bem--sucedido diretor, conhecendo de perto a estabilidade que ser um executivo de alta performance em uma multinacional pode trazer.

Mas, em certo momento, César já não se sentia mais à vontade com essa situação. Para ele, depois de 20 anos, seu ciclo na Odebrecht estava se completando. Tinha trabalhado como executivo no Brasil e na viabilização de vários projetos em países da América Latina e em Angola. Residiu em Portugal como membro do Conselho Diretor de uma subsidiária da empresa. E havia "feito a América" levando a empresa para atuar no mercado americano começando do zero e ajudado a construir um *case* de sucesso no mercado mais competitivo do mundo. Enfim, tinha transitado com sucesso em três áreas – RH, Planejamento Estratégico e Comercial –, sempre abrindo oportunidades para a empresa em novos mercados.

Ele se sentia grato por todas as oportunidades oferecidas pela empresa, e se sentia bem por acreditar que, fazendo o melhor que pudera durante os anos que trabalhara ali, retribuíra não só o investimento feito em sua carreira, mas também a confiança oferecida por seus parceiros. Naquele momento-chave de sua vida, o conforto, as facilidades e o *status* trazido pela sua tão bem colocada posição profissional já não o satisfaziam mais.

Depois de ter conquistado o sucesso, ele precisava se reinventar, fazer o que realmente lhe dava satisfação e buscar em si aquele dom que foi descoberto quando convenceu seus familiares e vizinhos a serem seus parceiros na fabricação das pipas: um *talentmaker*!

Assim, ele não se acomodou e foi buscar um desafio ainda maior e com mais motivação. Em seu novo sonho, César acreditava que deveria retribuir ao mundo a confiança das pessoas que acreditaram nele. E como fazer isso? Se seis ou sete pessoas o ajudaram a tornar-se um profissional conceituado em sua nova meta, ele deveria fazer, no mínimo, dez vezes mais!

Com a analogia de que, nos 20 anos de Odebrecht, ele fora uma espécie de "canário" vivendo numa gaiola dourada e que, a partir de agora, atuaria como um "sabiá", construindo uma ponte em cada "árvore" pela qual passasse, César montou, com seus sócios – Milton e Cris – a empresa Empreenda e se lançou no disputado mercado das consultorias. Claro que ele estava consciente dos riscos que essa decisão acarretaria, pois, ainda usando sua analogia, ninguém atira num canário dentro de uma gaiola, mas um sabiá voando solto nas árvores da vida sempre é alvo de caçadores e pessoas que têm prazer em atirar pedras sem qualquer motivo...

Mesmo ciente de que os novos tempos poderiam não ser fáceis, César começou sua nova empreitada trabalhando como consultor com várias empresas de porte, a fim de multiplicar o uso de seus conhecimentos e buscar uma contribuição diferenciada para o desenvolvimento da Administração.

César sentia que era chegado o momento de propor algo peculiar, construído a partir da sua experiência prática como executivo e das reflexões e conceitos apreendidos pela revolução criada por Igor Ansoff e pelas metodologias praticadas pelo Monitor Group, empresa de consultoria fundada pelo atual guru da estratégia, o professor Michael Porter – de quem foi sócio durante o breve período de três anos.

Pressentiu que a Administração, tal como a conhecemos hoje, está com os dias contados, ao conviver com a cultura departamentalizada instalada na maioria das empresas. Então, César desenvolveu um conceito simples porém diferenciado, que, se colocado em prática, pode trazer uma verdadeira revolução à forma de pensar a gestão empresarial.

A fragmentação das empresas em departamentos funcionais – por exemplo, em RH, Comercial e Estratégia, Operações, Finanças etc. – é o que impede que elas tenham uma atuação mais harmônica no mercado. Ainda prevalece, afirma ele, a cultura de "cada macaco no seu galho".

Na sua forma de pensar, as áreas de estratégia, relacionamento com clientes e gestão de pessoas deveriam ser tratadas com um único olhar, de forma integrada, compreendendo três facetas do que deveria ser encarado como um único desafio. Essa integração, segundo César, aumentaria a competência e a sustentabilidade da empresa, unindo um componente ao outro e trazendo um comprometimento mais dinamizado e eficiente entre eles, que não deveriam ser pensados como "setores".

Do que adianta ter uma estratégia fantástica se a gestão de clientes é pobre? Ou ter uma bela gestão de pessoas se o cliente não é valorizado? Ou, ainda, investir milhões em marketing para valorizar o cliente se a gestão de pessoas é péssima e os funcionários

> **" Pós-Management é um conceito que vai trazer vida nova às empresas. "**

trabalham insatisfeitos? Afinal, como ele gosta de dizer, "não existe cliente encantado em empresas com pessoas insatisfeitas e desapaixonadas".

Foram esses questionamentos que fizeram com que César Souza se empenhasse em repensar os conceitos herdados, quebrasse os paradigmas da fragmentação de setores, aprimorasse a filosofia de gestão usada desde o inovador conceito de "estratégia empresarial" lançado pelo professor Ansoff em 1973 e, agora, provocasse o que poderíamos chamar de "Pós-Management".

E o que seria este conceito? Coerente com a era da convergência pós-especialista, significa uma visão muito mais complexa e profunda, sem ser generalista, pois acabaria sendo uma abordagem muito supérflua. Seria uma visão integradora em que cada componente – estratégia, relacionamento com clientes e gestão de pessoas – poderia trazer um aumento da competitividade e de maior aprofundamento de cada uma dessas três características, que deveriam estar juntas, mas que, por causa da cultura de departamentos imposta nas organizações, acabam sem ter uma interação que poderia melhorar ainda mais o desempenho da empresa e ajudar, particularmente, na formação de novos líderes.

O mais interessante é que o Pós-Management que César nos sugere possui dois movimentos aparentemente paradoxais: ao mesmo tempo em que ele propõe a integração desses três componentes, contribui para expandir a fronteira do conhecimento de cada uma dessas variáveis.

Por exemplo, na sua proposta de Gestão Estratégica, ele afirma que "o sonho é a primeira etapa do planejamento estratégico". Bate de frente com a visão macroeconométrica da estratégia e dos planos e valoriza o intangível, o desejo humano, a determinação e a capacidade de sonhar como a semente inicial do sucesso na implantação da estratégia nas empresas.

Quando fala sobre Gestão de Clientes, César inova ao propor o conceito de "clientividade", como um contraponto ao de "competitividade" ou o de "produtividade". A clientividade é a arte de conquistar e fidelizar clientes por meio do intangível, de uma cultura em que todos, não apenas o pessoal de vendas, marketing e comercial, são responsáveis pelos clientes. Segundo ele, "cliente é responsabilidade de todos, do porteiro ao presidente". E propõe que as pessoas que não lidam diretamente com os clientes devem aprender a entender quem são os clientes e aprender a colocá-los no centro dos seus organogramas.

Na Gestão de Pessoas, ele centra seu foco na liderança, na formação do que chama de "líderes cinco estrelas". Líderes com um novo modo de pensar e agir, que estimulem a libertação de antigos dogmas para que cada um encontre o líder que possui dentro de si, e que superem a forma de pensar que está nos levando a formar líderes para uma realidade que já não existe mais.

> **O sonho é a primeira etapa do planejamento estratégico.**

O Pós-Management consiste na visão integrada que possibilita às pessoas perceber que clientes são responsabilidade de todos dentro de uma empresa e que estratégia, antes de ser um modelo de metas muitas vezes inconquistáveis, ameaças e afins, deve ser o resgate dos sonhos das pessoas de realizar alguma coisa.

"Felizmente, tenho tido a oportunidade de fazer o Pós-Management se tornar claro para as pessoas e realizar meu compromisso de expandir as fronteiras do conhecimento nessas três áreas da gestão de uma empresa. Tenho uma causa pessoal nessa minha vontade de quebrar paradigmas impostos, que é formar líderes mais engajados, dinâmicos e que se tornem mais eficazes. Ajudar a formar esses futuros empreendedores é um resgate do meu passado, pois, assim como houve um investimento em mim para que me tornasse o profissional que sou, quero usar os recursos e a força que tenho hoje para ajudar a desenvolver líderes com outra forma de pensar. Líderes que possam construir famílias mais felizes, empresas mais saudáveis e competitivas e uma sociedade mais solidária, harmônica e justa. Quero, em suma, ajudar empresas e pessoas a dar um passo em direção ao futuro, deixando para trás o atual management e ingressar na Era do Pós-Management, que significa a integração da gestão de pessoas, dos clientes e dos resultados a partir de uma nova fronteira do conhecimento em cada uma dessas áreas. Sem nenhuma dúvida, este é o meu sonho, este é o meu axé!"

Como percebemos, nosso ilustre entrevistado soube aproveitar a magia de inovar em cada fase de sua vida, recriando caminhos e colocações desde as pipas coloridas até o Pós-Management.

Seria o seu sucesso como *talentmaker* um dom que somente nosso entrevistado teria em si? Não.

Decerto, como nos narrou em sua história, César Souza soube perceber sozinho e lapidar talentos em seus parentes e vizinhos quando, ainda criança, fazia as pipas coloridas e inéditas. No decorrer de sua carreira, o apoio recebido tanto de professores como de parceiros empresariais fez fermentar e crescer nele o verdadeiro significado de ser um *talentmaker*, formando outros líderes que, assim como ele, acrescentaram ainda mais conhecimento e evolução ao mundo corporativo.

> **"Formar líderes cinco estrelas é minha maneira de retribuir ao mundo as oportunidades que tive."**

E na sua vida pessoal, o que seria um *talentmaker*?

Você já parou para pensar se tem dado apoio e contribuído para que as realizações íntimas das pessoas próximas a você se realizem? Você já se deu conta de que dentro da sua casa pode existir alguém com um talento brilhante esperando o seu incentivo?

Olhe à sua volta, procure perceber em sua família, em sua comunidade ou entre seus amigos, talentos adormecidos. Muito possivelmente, serão dons pessoais ou profissionais, que, se bem estimulados e geridos, podem amanhã ser a oportunidade que você e essa pessoa tanto esperavam para encontrar o sucesso.

Desenvolva, a partir de hoje, a sensibilidade de encontrar e despertar nas pessoas a consciência do seu talento interior. Muitas vezes o que falta para uma receita ser saborosa e apre-

> **❝Ser um *talentmaker* é mais que desvendar virtudes e aptidões. É desabrochar talentos.❞**

ciada é encontrar o tempero certo na pitada certa.

Saber dosar a gota da pimenta, o traço do azeite e o tempo da fritura são tão importantes nos acarajés da vida quanto os outros ingredientes envolvidos. Muitos só se preocupam com a quantidade de vatapá e de camarão. Esquecem que são as pequenas sutilezas que farão toda a diferença e trarão um sabor especial ao molho da sua vida!

Controlando o Misdirection

Evitar desvios ao definir seu foco

Carlos Alberto Caiuby Lobo Vianna
Empresário e presidente da Multi Export

> ## *Não permitir que desvios de atenção interfiram em suas metas. Definir onde estão suas possibilidades reais e improváveis.*

Foco é um ponto de convergência – o centro –, em todos os dicionários.

Quando um mágico apresenta uma carta de baralho e pede para alguém da plateia focá-la, existe uma entrega consciente e inconsciente desse participante. Ao mesmo tempo em que essa pessoa grava a carta escolhida, ela não percebe que, em outro discreto movimento, o mágico habilmente coloca uma flor no seu bolso, causando-lhe imensa surpresa ao fim do espetáculo!

No mundo dos mágicos, chama-se *misdirection* o ato de desviar a atenção do público para a realização do efeito mágico, para se ter o controle do foco da plateia usando uma indução com o olhar, palavras ou um gesto imperativo.

Para que o espectador não fosse envolvido no truque, ele deveria ter um olhar mais abrangente no que diz respeito ao mágico e suas movimentações.

Saber focar nos negócios, situações ou momentos é muito importante, mas muitas vezes o excesso de foco tira a visão alternativa e leva ao erro.

Durante muitos anos, o mundo corporativo exigiu um altíssimo grau de profissionalização de sua equipe. Isso tornou os colaboradores exímios especialistas, tão focados, que muitas vezes eram promovidos a *coachings* de equipes e ali ficavam limitados a passar adiante seu tão profundo conhecimento a respeito de um único assunto.

Hoje, o mundo empresarial e a própria vida querem profissionais e pessoas que também tenham experiência generalista. Colaboradores mais antenados com a globalização e que saibam de tudo um pouco, para que possam ver o mercado competitivo e as oportunidades da vida por outros ângulos, numa ótica inovadora, inusitada e que não se restrinja unicamente ao foco principal da empresa ou de seus objetivos, não sofrendo tanto a influência dos *misdirections* do mercado.

Portanto, neste capítulo vamos mostrar que ter a visão do todo sem deixar de definir o principal foco é uma grande vantagem competitiva, e também um caminho para ser líder e se manter como tal na vida de uma maneira geral e no tão concorrido mundo corporativo.

Nosso próximo entrevistado transformou o improvável em uma possibilidade de sucesso, controlando os *misdirections* pessimistas que surgiram em seu caminho e olhando atentamente as diversas opções do seu foco de mercado.

"Ter foco em um empreendimento e não perceber todas as oportunidades que esse foco pode lhe trazer é como ver somente uma face do diamante, sem apreciar a verdadeira beleza de sua lapidação."

Com essa frase, Carlos Alberto Caiuby Lobo Vianna nos leva a conhecer um pouco da sua história como empresário de sucesso, que soube manter o foco de sua empresa sem desperdiçar oportunidades que poderiam ser agregadas a ele.

Nascido em uma família que trabalha com exportações e despachos aduaneiros desde o início do século XX, hoje ele é o que podemos chamar de empresário bem-sucedido da área de Logística Integrada e pioneiro nesse *modus operandi* no Brasil.

Em 1979, Carlos Alberto, aos 26 anos e com 11 de experiência adquirida nesse ramo, resolveu montar sua própria empresa de despachos aduaneiros: a Multi Export.

Mesmo com muito esforço e conhecimento, ele conta que não foi tão simples se estabelecer no mercado. Apesar da experiência adquirida nos anos trabalhados, faltavam-lhe a vivência e a visão globalizada para fazer a empresa crescer mais rápido. Mas, de alguma forma, Carlos Alberto percebia claramente que "um novo movimento" deveria ser feito para que seu empreendimento pudesse crescer e estar sempre um passo à frente da concorrência.

Em 1981, uma empresa americana tornou-se uma de suas primeiras clientes e, embora não trouxesse um alto lucro a Carlos Alberto devido ao pequeno volume de operações aduaneiras de importação e exportação, ele a considerava como sua maior e mais promissora cliente.

Suas previsões estavam certas. Seis anos depois, em 1987, numa decisão da matriz nos Estados Unidos, a filial brasileira passou a ser o principal fabricante e, consequentemente, a maior fornecedora de duas grandes marcas do mais importante produto daquela empresa nos padrões mundiais. Com isso, o volume de importações e exportações, que somava uma média de seis contêineres mensais, saltou para mil. Isso mesmo, mil contêineres por mês!

A Multi Export, que não estava completamente preparada para tão grande fluxo de importação e exportação, teve que mostrar uma capacidade imensa de adaptação para conseguir atender à nova realidade da empresa e, com isso, Carlos Alberto precisou começar a gerenciar uma verdadeira operação de guerra.

> **" Empreender é focar novas parcerias. "**

O desafio diante dele foi gigantesco. De uma singela empresa aduaneira, com pequenos volumes para poucos lugares, a Multi Export passou a ser responsável pelas operações de importação e exportação de grande porte para Europa, África e Ásia. Era uma transformação enorme num tempo curto, o que exigia dedicação e visão empreendedora imensas. Afinal, não era tão simples gerenciar e atender bem um cliente tão importante que, naquele momento, precisava de uma capacidade logística maior do que a Multi possuía.

Foi preciso iniciar uma estratégia muito mais arrojada, com fretamentos de navios e aviões, a fim de atender à demanda daquela grande empresa americana, que passou a ser a primeira colocada no ranking de volume de importação/exportação brasileiro, durante três anos consecutivos.

O súbito aumento da capacidade da Multi Export fez com que Carlos Alberto vislumbrasse a urgente necessidade de ampliar o foco de sua empresa, torná-la melhor e mais completa, capaz de oferecer serviços que atraíssem clientes maiores e mais complexos.

Naquela época ainda não se falava em globalização, embora, para o ramo de importações e exportações, globalizar fosse bem mais palpável. Entretanto, no Brasil, a segmentação do setor logístico de comércio exterior tornava o processo de importação e exportação extremamente penoso e difícil, no qual, para se realizar esse tipo de serviço, era necessário trabalhar com pelo menos três empresas – uma especializada nos serviços de despachante aduaneiro, outra para o transporte, outra para a entrega e assim por diante.

Durante uma viagem para os Estados Unidos, Carlos Alberto conheceu um representante da Fritz Companies, uma empresa americana de logística de transportes que já atuava no Brasil e praticamente em todo o mundo, contando com mais de 15 mil funcionários. Embora fosse do mesmo ramo que a Multi Export,

> **Inovar é um risco que vale a pena.**

a Fritz realizava a parte logística de transporte, armazenamento, seguro e entrega de cargas, faltando àquela empresa a parte de desembaraço alfandegário. Foi nesse momento que, analisando os outros lados do foco com o qual trabalhava e percebendo que podia ampliar ainda mais seus negócios sem deixar de fazer o que gostava e sabia fazer bem, ele vislumbrou a oportunidade de tornar a sua empresa mais completa. Com ousadia e coragem, diante do oferecimento de parceria da Fritz, Carlos Alberto se associou a ela, transformando a Multi Export na primeira empresa de logística integrada, inaugurando o serviço *door to door* no Brasil.

Para os críticos aquilo era um erro, pois no Brasil isso nunca daria certo. Afinal, o serviço de despachante aduaneiro era o que realmente importava nesse ramo de negócio, sendo desnecessário "dividir o bolo" com outras empresas. Esse pensamento dos críticos era um verdadeiro *misdirection*, que, se não fosse controlado, tiraria o foco do empreendedor.

O que as pessoas que analisaram a ousadia de Carlos Alberto de maneira equivocada não sabiam era que o mundo estava se transformando muito rapidamente e que quem não se adaptasse ou não conseguisse focar sua empresa para as mudanças que estavam por vir fatalmente sucumbiria. Nosso personagem viu naquela parceria a abrangência maior que ele procurava para a sua empresa, ampliando sua capacidade no mercado e permitindo que ela oferecesse um serviço de qualidade com custos competitivos.

Em 2001, a UPS, maior empresa de *courriers* do mundo, com mais de 500 mil funcionários, 140 mil veículos, 700 aeronaves próprias e escritórios em todas as grandes cidades do mundo, percebeu o estrangulamento de seu mercado e que estava perdendo a oportunidade de agregar mais serviços à sua imensa estrutura logística.

A partir de então, a UPS, em um arrojado plano de expansão no mercado mundial, adquiriu a Fritz, a fim de aproveitar as suas *expertises* de carga internacional, armazenamentos e despachos aduaneiros. Com isso, a UPS tornou-se uma das principais empresas de logística de transporte internacional do mundo.

E Carlos Alberto? De parceiro da Fritz e criticado por sua ousadia, passou a ser parceiro da UPS e seu único representante no Brasil. Conseguiu expandir seu negócio, vivenciar novas experiências corporativas e abrir um novo mercado no ramo de importação/exportação sem sair do seu foco inicial, adaptando-se às mudanças e aproveitando as oportunidades, apenas observando o seu foco de outra forma e mostrando que, como ele mesmo disse no começo de sua história, um diamante tem várias facetas que podem ser consideradas lindas e preciosas, basta você saber observar todas as nuances de sua lapidação!

Ainda de acordo com ele, o conhecimento agregado que a parceria com a Fritz – e mais tarde com a UPS – trouxe para uma empresa de médio porte como a Multi Export é incalculável, não sendo possível avaliar a extensão das possibilidades que lhe foram conferidas.

Deve-se, porém, ressaltar que as mudanças ocorridas nesse processo não vieram sem dificuldades para a Multi Export. Existiram muitos obstáculos, especialmente na assimilação da cultura de empresa multinacional,

66 O valor de uma ousadia. 99

na obediência às regras de mercado e nas obrigações contratuais, exigindo uma postura que se traduziu na modernização da estrutura e na conquista das certificações de qualidade, que atestaram sua capacidade e competência para atuar nesse ramo de negócios.

Ter o controle do *misdirection* de seu ramo empresarial fez com que Carlos Alberto conseguisse, sem se afastar do seu principal foco de trabalho, ver a possibilidade real de se tornar um empresário de sucesso e de crescer onde a maioria das pessoas achava que era totalmente improvável que isso viesse a acontecer.

Ele afirma que não sabe onde estaria hoje se não tivesse sido ousado e analisado as outras faces do seu diamante com presteza e atenção:

> *"Realmente, se eu não houvesse conseguido analisar e aproveitar os* misdirections *positivos e rechaçar os negativos, não teríamos chegado aonde chegamos e não teríamos o sucesso que temos. Hoje, como uma das grandes empresas do mercado no Brasil, somos super-respeitados, conhecidos e parceiros de uma das melhores do mundo. E o que mais me deixa feliz nisso tudo é ter conseguido crescer sem precisar deixar o que gosto e sei fazer bem."*

Ao focar a história de Carlos Alberto Caiuby Lobo Vianna, descobrimos que muitas vezes as grandes oportunidades já fazem parte do nosso universo. Sem dúvida, alguém um dia irá encontrá-las e aproveitar todas as suas facetas. Então, por que não ser você a desfrutar tudo que seus negócios podem oferecer e talvez, por falta de um pouco mais de análise globalizada, ainda não tenha percebido?

A grande magia dos empreendedores de sucesso é descobrir antes, ver antecipadamente e tomar atitudes que inicialmente pareciam um risco, mas que depois se mostraram passos estratégicos de uma grande jogada.

Muitas vezes, por influências de *misdirections* do mercado, conselhos pessimistas, paradigmas e preconceitos, somos forçados a esquecer o foco ambicionado. Aguçar sua percepção a ponto de conseguir vislumbrar o seu foco e o das outras pessoas ou parceiros é também uma estratégia inteligente para quem deseja crescer no seu nicho de mercado.

Existem vários mecanismos que podem desenvolver nossa percepção e direcionar nosso foco. A grande interrogação reside no momento de aplicar a teoria, pois nem sempre o que focamos é o que realmente está acontecendo. Quanto mais pesquisas, opiniões e críticas você obtiver de sua visão, mais certeira será sua pontaria na hora de implementar uma estratégia. Entretanto, muitas vezes somos obrigados a manter firme nosso foco e arriscar nossos investimentos em um caminho totalmente improvável, como aconteceu com nosso entrevistado.

Saber filtrar as opiniões e visões de nossos parceiros e colaboradores é um importante exercício que deve ser aplicado regularmente em todos os aspectos da nossa vida.

A análise correta e feita com discernimento pode mudar completamente a sua história pessoal ou a da sua empresa. Por mais que muitas vezes pensemos não ter tempo para dedicar alguns minutos do nosso dia a dia a ela, não devemos nos esquecer de ouvir algo que faz parte de todas as histórias de grandes empreendedores de sucesso: a intuição.

E por que essa recomendação?

"O absurdo nem sempre é improvável."

Porque só a sua intuição poderá informar se você deve ou não aceitar críticas e opiniões a respeito do seu desafio.

Saber analisar todos os ângulos de um só foco talvez seja uma maneira eficaz de conseguir crescer. Porém, existem focos convergentes e divergentes.

Aproveitar a convergência de pessoas com visão similar à sua pode ser um caminho mais fácil e confortável, mas nem sempre essas concordâncias de opinião são os caminhos mais corretos para se investir.

A divergência de foco pode ser, além de um alerta, uma nova visão de como fazer aquele objetivo se realizar num ângulo totalmente inusitado e, até então, não percebido. Cabe ao empreendedor aceitar e repensar as novas possibilidades que a divergência traz, por mais que num primeiro momento pareçam absurdas.

Saber usar sua intuição e analisar detalhadamente a possibilidade de que o absurdo seja possível pode ser a grande "sacada" da sua vida pessoal ou corporativa. Isso porque, por parecer improvável, a ideia pode não ter sido descoberta por mentes mais condicionadas à rotina e acostumadas a fazer o que "parece" ser o certo.

> **Se só andarmos pelos caminhos já trilhados, o máximo a que chegaremos é aonde outros já chegaram.**

Esse ilusionismo empresarial de fazer sempre o que é recomendado, sem parar para analisar todas as nuances dessas recomendações, muitas vezes nos leva a escolher uma rota já desgastada e usada por tantos. Devemos procurar sair desse círculo repetitivo de atitudes e, como dizia Graham Bell, "Se só andarmos pelos caminhos já trilhados, o máximo a que chegaremos é aonde outros já chegaram".

Então, faça diferente da maioria e perceba que você pode encontrar belos e inéditos caminhos na carreira e na vida pessoal. Encontre seu foco, analise os *misdirections* de mercado, mas, principalmente, não se esqueça de olhar à sua volta para procurar visões alternativas e aproveitar pequenos detalhes que talvez façam a diferença no seu sucesso como um empreendedor de alta performance ou, simplesmente, uma pessoa muito mais feliz!

Ponto de Luz

Realização

Todos podemos realizar aquilo que desejamos e muitas vezes achamos ser impossível.

Basta entender o porquê de nosso desejo parecer, em uma primeira análise, impossível e, a partir daí, desenvolver uma visão alternativa e inusitada para conseguir alcançá-lo. Como mágicos, pesquisamos todos os dias o que é impossível, pois essa é a nossa maior motivação. Se não for impossível, não nos interessa, pois qualquer um poderia fazer e então não seríamos "mágicos". Essa visão – de que, quanto mais difícil o desafio, melhor – infelizmente só existe na cabeça dos mágicos. É comum a todo ser humano evitar o encontro frontal com o desafio considerado impossível, seja por medo, falta de motivação ou mera acomodação.

A cada dia que passa, nós, mágicos, recebemos um novo e maior desafio: o desafio supremo de continuar encantando pessoas e realizando desafios em um mundo onde a tecnologia faz mágicas.

Antigamente qualquer mágico que atuasse na televisão arrancava aplausos. Hoje as pessoas desconfiam de truques de câmera e não contemplam a arte como deveria ser.

Essa falta de apreciação só pode ser quebrada em shows ao vivo, onde a prova de que a magia é real será testemunhada. Essa situação criou também uma nova especialização no mundo da magia, o *Street Magic* ou "Magia de Rua", em que o mágico realiza suas façanhas andando no meio do povo. Essa nova forma de expor a arte mágica ganhou notoriedade no meio televisivo, já que o telespectador acredita nos poderes mágicos ao testemunhar a emoção dos transeuntes que participam do truque. Eles são a prova de que a mágica realmente aconteceu.

O que podemos perceber é que, ao mesmo tempo em que a TV tirou um pouco da credibilidade, gerou um novo nicho de mercado para os mágicos. Será que você não está passando por momentos assim?

Aparentemente seu sonho é impossível, se visto sempre por uma mesma ótica, mas totalmente viável se você acompanhar as mudanças que chegam todos os dias à sua porta.

Aquilo que você realmente acredita ser impossível pode se tornar totalmente viável se acreditar que o universo em que vivemos é mutável e que esse simples fato pode gerar situações impensadas e oportunidades inesperadas.

Comece a incorporar certos pensamentos mágicos à sua rotina. Perceba que muitas pessoas que poderiam ajudá-lo a realizar seus planos não estão atualizadas a respeito deles e que, por isso, talvez não acreditem em seu potencial.

Seja um pesquisador, um curioso, um caçador de causas impossíveis, um caçador de realizações.

Com certeza o universo conspirará a seu favor e muitos o chamarão de sortudo. Mas nós sabemos que a sorte só aparece para aqueles que estão aptos a recebê-la.

Aprenda com os antigos mágicos, que tempos atrás já filosofavam:

"Pensamento humano: por não saber que era impossível, ele foi lá e fez.

Pensamento mágico: por saber que era impossível, ele foi lá e fez primeiro".

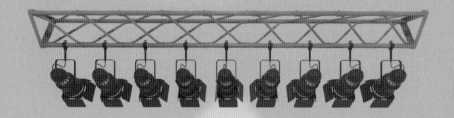

Predictions

Prever desafios para garantir metas

Amyr Klink
Empreendedor de expedições marítimas e escritor

> # *Saber planejar com antecedência e usar a visão empreendedora para evitar o erro.*

O desafio é uma provocação que surge para questionar sua competência diante de algo inesperado. Alguns desafios, porém, podem ser previsíveis se nos dedicarmos a analisar o histórico de outros empreendedores.

Faz parte do êxito profissional o enfrentamento de obstáculos, sem os quais não seria possível a verdadeira avaliação da sua capacidade corporativa.

O requisito mais importante que define um bom mágico é a capacidade de acerto. Se ele fez uma previsão, obrigatoriamente tem de acertar ou sua reputação estará comprometida.

Controlar as possibilidades para garantir o resultado prometido e esperado pela plateia não é tarefa fácil. Imagine um grande espetáculo de mágica. É simplesmente impossível aceitar o mágico ou um de seus partners errando o truque e sofrendo o constrangimento de ter que recomeçar diante da plateia. Prever onde existe o risco de errar é primordial para o sucesso de qualquer pessoa ou equipe, em qualquer tipo de trabalho.

Por isso, todo mágico faz uma *prediction*, que pode ser definida como um planejamento estratégico e minucioso do que deve e o que não deve acontecer durante sua apresentação.

Prediction é, portanto, a estratégia de antever os prováveis desafios e, além disso, gerar muito mais segurança do que qualquer forma de improvisação.

Por essa razão, todo mágico investe horas com seus partners, discutindo não apenas as mágicas em si, mas também os elos entre elas, pois o show não pode perder o ritmo. Para prender a atenção do público, é preciso criar um enredo em que as mágicas se completem e conduzam o espetáculo ao clímax. Muitas vezes, temos todas as ferramentas para fazer um grande show. Porém, se nossa equipe não souber encadear cada elo, o espetáculo ficará sem sentido, trazendo ao espectador a sensação de amadorismo do mágico e sua equipe. Tudo tem de ser preparado, ensaiado, simulado. Até mesmo a possibilidade do improviso.

Na hora da apresentação do mágico, o encanto do público é notório. O que muitos não sabem é que esse artista dedicou horas, dias e muitas vezes meses treinando sozinho em frente ao espelho, autocriticando-se em busca da perfeição pessoal para depois exigir essa mesma perfeição no mundo corporativo. Além disso, analisou cada membro de sua equipe, valorizando as suas competências e motivando-os a superar seus limites.

Saber prever os desafios é, com certeza, um dos maiores "desafios" a ser enfrentados por quem almeja o sucesso.

Sem dúvida alguma, este tópico é determinante para que nosso próximo personagem nos mostre que existem enormes possibilidades de alcançar a notoriedade se o empreendedor vislumbra as dificuldades como algo maravilhosamente atraente e motivador para obter novas conquistas.

> **" Um bom improviso leva aproximadamente uma semana para ficar bem-feito. "**

Olhando para sua história, percebemos que o seu diferencial é, na verdade, perceber que o desafio deve ser encarado como um combustível que inflama o desejo de se superar e provar que o impossível é realizável se houver planejamento estratégico e dedicação.

"Eu não posso me dar ao luxo de errar."

Assim Amyr Klink começa sua participação neste livro. E é realmente apenas uma participação, pois, com uma personalidade tão abrangente e pouco conhecida pelo público em geral, seriam necessários vários livros para decifrá-la.

Aclamado por ser exímio e corajoso velejador, ficou internacionalmente conhecido quando, em 1989, deu início ao Projeto Invernagem Antártica, um desafio solitário a bordo do veleiro polar Paratii. Nessa aventura, percorreu 27 mil milhas da Antártica ao Ártico em incríveis 642 dias.

Longe dos mares gelados e tão conhecidos por ele, esconde-se o Amyr empreendedor, que fica dias, meses, muitas vezes anos atrás de uma mesa, debruçado sobre imensos e complicados projetos. Isso porque, antes de navegar com um barco considerado "o veleiro polar mais eficiente de que se tem conhecimento", como o Paratii 2, ele precisa planejar, investir e se dedicar para que esses projetos se tornem reais. Precisa, também, superar desafios muitas vezes mais difíceis do que as geleiras do Ártico e que, além de difíceis, muitas vezes não têm nenhum tipo de reconhecimento ou apoio.

Amyr apresenta peculiaridades na sua maneira de trabalho que só pessoas que realmente têm gosto pelo desafio conseguiriam administrar.

Ele diz que, na convivência dentro de um barco, num regime de alto estresse, durante uma perigosa viagem sem escalas, é simplesmente impossível que cada personagem da viagem não se mostre exatamente como é. E a visão irrestrita do trabalho que se faz é imprescindível para que ele consiga "profissionais" capacitados a esse tipo de desafio.

A palavra *profissionais* foi escrita entre aspas porque Amyr Klink acredita que os verdadeiros profissionais não são aqueles que têm apenas uma formação específica, um diploma ou uma nomenclatura que designe uma profissão. Diante de tamanhas experiências já vividas, ele acredita que, muito mais que uma formação acadêmica ou especialização, quem se dispõe a fazer qualquer tipo de trabalho deve "ser apaixonado até os ossos" pelo que faz.

No conceito de Amyr, o valor da conquista está principalmente no caráter das pessoas e nos desafios, no modo como se estrutura e como se conduz uma empreitada, seja ela qual for. Não existe uma fórmula pronta para isso, pois as regras e o modo de pensar das pessoas mudam.

Exemplo dessa visão irrestrita vem da época em que Amyr trabalhava no mercado imobiliário e já tinha ideias consideradas diferentes. Há 20 anos quem poderia imaginar um conceito de "não imóvel"? Investir em um terreno ou espaço onde nada se construísse, uma área de preservação ambiental permanente, era praticamente impossível de se vislumbrar naquela época.

> **É mais legal descobrir sobre pessoas do que descobrir sobre o planeta. O planeta depende das pessoas.**

O SHOW É VOCÊ

Hoje muitas pessoas de condição financeira privilegiada compram esses espaços e, em vez de usar o índice de aproveitamento convencional do terreno com edificações gigantescas, simplesmente não constroem nada, a fim de manter intacto um pedaço da natureza!

Ainda mostrando seu espírito construtivo e empreendedor, Amyr Klink, que é admirado pelas conquistas na navegação, atualmente investe em algo que ele diz adorar: madeira.

Mas, se você pensa que ele planta e corta árvores para tal investimento, mais uma vez vai se surpreender. Amyr desenvolve um projeto no qual fabrica "madeira" feita com bambu!

Ele descobriu, através de uma longa e trabalhosa pesquisa, que a fibra de certo tipo de bambu, quando compactada, se torna a mais resistente e leve forma de madeira já conhecida. O problema maior no começo desse empreendimento de Amyr foi que este bambu, de nome Guadua, original do Brasil, estava extinto no país. Mas ele descobriu que tempos atrás pessoas levaram mudas desse bambu para a Costa Rica. Então, para não abrir mão de seu projeto, resolveu importar essas mudas e hoje as cultiva com a finalidade de revolucionar o futuro, pois o bambu é a gramínea de mais fácil adaptação, cultivo, e que também mais rápido se desenvolve, crescendo até 20 cm por dia, sendo ainda completamente aproveitável. Essa atitude revela o lado mágico deste empreendedor, que fez uma *prediction* do que será o futuro caso as pessoas continuem destruindo a natureza.

E por que isso é importante? Por que o desenvolvimento dessa madeira pode fazer tanta diferença? Porque uma árvore, além de levar vários anos para crescer o suficiente a ponto de ser usada na indústria madeireira, quando é cortada, causa um dano irreparável ao meio ambiente. A madeira alternativa mostra a busca incansável e o pioneirismo de Amyr, só que, desta vez, em uma área bem diferente da qual ele ficou mundialmente famoso.

Enquanto muitos se preocupam em proteger florestas e ficam somente nas ideias, Amyr, com seu planejamento antecipado, não está esperando que as florestas se acabem para tomar uma providência efetiva. Procura, nesta "floresta alternativa de bambu", poupar as árvores e minimizar a perda da qualidade de vida que a falta de arborização pode trazer no futuro.

> *"Saber decidir, saber comandar e ter um planejamento estratégico do que se procura. Refletir a respeito da sua meta, superar os desacertos e ser ousado. Ter responsabilidade social, amar o que se faz e procurar sempre respeitar o espaço dos parceiros. Sinceramente, não acredito que existam regras ou fórmulas mágicas para alcançar o sucesso, mas creio sinceramente que esses itens, juntamente com um trabalho incansável, são, sem dúvida, pelo menos a metade do caminho."*

E assim Amyr Klink deixa seu exemplo de profissionalismo e dedicação a tudo que se dispõe a fazer.

Prever desafios e procurar oportunidades usando estratégias pouco conhecidas é um dos segredos do seu sucesso. Isso o levou a conquistar admiração e reconhecimento mundial, fazendo o que gosta e aquilo em que acredita.

Muitos empresários buscam novas possibilidades em mercados altamente competitivos ou tão inóspitos quanto a Antártica. E muitos são bem-sucedidos porque sabem se planejar e cumprir com disciplina cada passo previsto para alcançar seu objetivo.

> **" Tudo na vida é um processo contínuo de desenvolver ações e tomar decisões. "**

Sempre haverá enormes icebergs em suas viagens pessoais e corporativas. Para vencê-los, não basta contornar o problema, mas saber do que são feitos e por que apareceram no seu caminho.

Não espere que sua vida corporativa ou pessoal encalhe para começar a analisar os desafios que enfrentará. Algumas geleiras são eternas e não adianta você perder tempo tentando destruir o imutável. Nessas horas, pare e analise com frieza o que você pode fazer para minorar os obstáculos considerados intransponíveis.

Lembre-se de que o fato de haver um grande desafio em seu caminho pode ser benéfico. Tudo depende da maneira como você analisa esse desafio. E não basta somente ter essa visão empreendedora. É preciso também ser otimista para perceber as nuances e se antecipar nas atitudes que amenizarão os obstáculos. Assim você encontrará recursos para desviar a rota das dificuldades ou até mesmo aproveitar a seu favor os ventos bravios que surgirão nesta irremediável tempestade.

Estratégia dos Dados de Quina

*Unir virtudes e adversidades
para superar obstáculos*

Antônio Carlos Romanoski
Foi presidente da Electrolux, presidente da Brasil & Movimento/
Sundown do Brasil e, atualmente, é o presidente da CEF - Centro de
Excelência em Finanças. Em 2006, foi eleito o Homem de Marketing
do Ano pela ADVB - Associação dos Dirigentes de Vendas do Brasil.

> ## *Criar soluções inovadoras unindo suas virtudes pessoais com com suas vivências corporativas.*

Jogar dados pode parecer uma atividade extremamente simples. Nela existe um fenômeno que raramente ocorre, chamado "dado de quina". Isso acontece quando o dado fica escorado em algum objeto e o resultado fica indefinido, pois não se pode dizer com exatidão que face do dado está mais voltada para cima. No mundo corporativo, esse fenômeno se repete com muita frequência. Entretanto, por pura falta de percepção, nos negamos a aceitar o valor dessa situação, em que poderíamos unir as duas faces e criar uma terceira situação, uma solução inovadora ou mesmo um novo produto ou serviço. Em vez disso, usamos o caminho mais fácil e desprezamos o acaso simplesmente pegando os dados e jogando-os novamente, em busca de um resultado comum e padronizado.

Uma das aptidões – ou face de dado – mais requisitadas por um artista é a gestão de pessoas. Muitas vezes encontramos excelentes profissionais que, performaticamente, são perfeitos, mas que na convivência com sua equipe e admiradores não demonstram ter domínio de suas emoções, sendo egocêntricos ou introvertidos quando não estão no palco.

A falta de habilidade no contato com as pessoas, principalmente de classes sociais diferentes, gera um verdadeiro obstáculo no crescimento desse profissional. Portanto, o melhor mágico não é aquele que possui apenas a face do dado da destreza na realização dos seus truques, mas sim aquele que soma esta face com a do dom pessoal de cativar a plateia com sua simpatia, mantendo-se sempre próximo e acessível à sua equipe e a seus fãs.

Usando a estratégia dos *dados de quina*, muitos mágicos criam novos truques que são, na verdade, uma releitura de uma antiga ilusão, esquecida em compêndios empoeirados. Para que essa façanha aconteça, é necessário que o artista tenha a paciência de analisar o que realmente leva o público a prestigiar seu espetáculo.

Nessa hora, ele joga os dados, unindo uma mágica antiga e esquecida com uma tecnologia moderna e atual, fazendo dessa união uma ilusão surpreendente até mesmo para outros mágicos.

Olhar as *quinas do dado* e aproveitar a oportunidade mostrada por elas pode ser o grande diferencial para o seu sucesso, em qualquer situação da sua vida.

Preste atenção ao que foi escrito acima: olhar "AS" quinas, aproveitar "A" oportunidade... E por que a discordância? Porque é exatamente nessa junção de eventos, situações, manobras, trabalhos ou parcerias, completamente inusitados a um olhar menos perspicaz, que pode estar a grande oportunidade que você sempre almejou.

Nosso próximo personagem traduz, com sua experiência de vida, o valor real de saber aproveitar o resultado de cada jogada que surgiu em seu caminho.

> *"A convivência estreita com todo tipo de pessoas*
> *fez com que eu descobrisse meu outro talento."*

Extremamente calmo e gentil, Antônio Carlos Romanoski começa sua história com as palavras acima. Um currículo de trabalho iniciado muito cedo, aos 14 anos, é o que vai direcionar este exemplo de vida e dedicação mostrado por ele.

Uma das *quinas do dado* do sucesso do nosso personagem era muito latente nele desde o começo de sua vida corporativa, ainda em tenra idade: Romanoski tinha facilidade de ver os quadros de desequilíbrio dentro da empresa e resolver as situações consideradas muito difíceis por seus parceiros.

Este *feeling* e sua visão fizeram que os cargos de chefia lhe fossem confiados rapidamente, mesmo sendo considerado jovem demais. Isso lhe trouxe vivências que amadureceram ainda mais suas virtudes e talentos.

Ele conta que, aos 25 anos, aceitou trabalhar na Copel e foi enviado para o interior do Paraná, para ser administrador de uma grande obra de engenharia numa usina hidrelétrica. Na verdade, com tão pouca idade, Romanoski se viu na situação de um verdadeiro "prefeito socialista, sem câmara de deputados", como ele mesmo diz, pois, sozinho, gerenciava toda a cidade e sua renda.

Essa vivência é retratada por ele como uma maravilhosa *expertise* para toda a sua carreira.

Por cinco anos, Romanoski e sua família viveram num acampamento onde cinco mil pessoas moravam e eram "governadas" por ele. Isso permitiu que se formasse na sua já bem desenvolvida visão o outro lado do seu *dado de quina*: a facilidade de decifrar defeitos e virtudes nas pessoas!

Viver por tanto tempo e tão próximo de pessoas humildes, operários, barrageiros e, ao mesmo tempo, gerenciar qualidade de trabalho e egos de engenheiros extremamente qualificados, médicos e estrangeiros, foi para Romanoski o maior e mais valioso aprendizado que um jovem em começo de carreira poderia receber. Segundo ele, essa foi a oportunidade de desenvolver uma visão muito clara de quão importante é para as empresas não só investir na qualidade dos seus produtos, mas também na qualidade de vida de todos os seus funcionários.

Galgando merecidos degraus em sua carreira, Romanoski continuou na Copel por mais quatro anos, saindo de lá depois de ter ocupado o cargo de mais jovem diretor daquela instituição.

> **" Pessoas são o que faz a diferença. "**

A atividade ligada ao consumidor final e sua maneira estratégica de superar dificuldades dentro das empresas começaram quando ele foi convidado para trabalhar na empresa Prosdócimo.

Essa parte da história de Romanoski é muito interessante porque retrata a mudança de conceitos do consumidor brasileiro. Quem poderia se imaginar hoje sem freezer, micro-ondas ou máquina de lavar roupas? A introdução desses produtos no mercado brasileiro e a sagaz percepção de que só faria sucesso o produto que, mesmo considerado "de luxo", fosse também desejado pelas classes mais baixas foram fatores decisivos para o crescimento do mercado consumidor nacional, e Romanoski vibra ao contar sua participação mais do que ativa nesse processo.

Em época de constantes mudanças, a empresa Electrolux comprou a Prosdócimo e, mesmo com a fusão, Romanoski continuou no cargo de presidente da companhia.

A Electrolux estava em fase de expansão global e havia comprado diversas empresas menores em vários países. Como presidente do grupo de novas empresas da Electrolux, Romanoski viajou o mundo inteiro, aumentando ainda mais sua experiência com pessoas, só que, desta vez, aprendendo e descobrindo sobre novas culturas.

Essa qualidade pessoal, de conseguir gerenciar o material considerado por todos os especialistas do mundo como o mais dificil – o material humano –, fez de Romanoski um executivo muito desejado no mundo corporativo.

Em determinado momento da carreira, as muitas viagens fizeram com que Romanoski deixasse o cargo e aceitasse retornar ao Brasil para um novo projeto. Voltando à sua primeira *quina do dado*, o talento nato de saber tratar adversidades, ele foi levado a um novo e interessante desafio. Um inédito e inovador projeto no mercado de motocicletas, feito em parceria com a indústria chinesa.

Os empresários que queriam lançar esse projeto no Brasil tinham imensa preocupação com a concorrência já estabelecida, conhecida e muito bem aceita no mercado, que era a conceituada excelência dos padrões japoneses. Iria o exigente consumidor brasileiro aceitar a novidade dessa parceria com uma indústria bem menos conceituada, como era o caso da indústria chinesa?

Mesmo ciente das dificuldades, não somente de natureza jurídica da família para a qual iria trabalhar, mas também de lançamento de um produto chinês para o consumidor brasileiro que, mesmo com baixa renda, exige um produto completo e com vários opcionais, Romanoski aceitou o desafio, dedicando horas na busca de soluções que satisfizessem até seus mais humildes consumidores.

> **“ Para mim não existem problemas, mas oportunidades de mostrar serviço. ”**

Esse projeto foi cercado de muitas dificuldades, pois, além dos problemas iniciais, a indústria chinesa não tinha o controle de qualidade com o qual Romanoski estava acostumado a trabalhar e, principalmente, com o qual o mercado brasileiro estava acostumado por causa da perfeição japonesa.

Para melhorar a capacidade da empresa, Romanoski montou na China um conceito de pré-avaliação dos produtos – engenheiros, pilotos de testes e outros profissionais foram trabalhar dentro da fábrica para ter um controle de qualidade melhor e vistoriar toda a fabricação das peças.

Isso foi uma imensa novidade para os chineses, pois eles não estavam acostumados a ter esse tipo de parceria ou controle na qualidade da fabricação de seus produtos.

Na crença de Romanoski, não adiantava oferecer uma moto por um valor mais baixo que os dos modelos similares, pois ela não iria vender, uma vez que a marca Sundown era bem menos conhecida que as concorrentes e não oferecia aos consumidores a segurança que somente o tempo de mercado pode trazer.

A moto precisaria oferecer detalhes exclusivos, pormenores especiais que a diferenciassem das demais, mas que não onerassem o preço final do produto nem a relação custo-benefício.

Um dos melhores exemplos disso foi a preocupação da Sundown com a segurança e a melhoria de serviço para os motoboys. Eles inovaram ao instalar uma pequena luz – um led – no painel da moto que avisava ao motociclista que seu celular estava chamando. Com a moto em movimento, o condutor não podia ouvir o som do celular tocando, nem mesmo sentir a trepidação causada no modo *vibra call* por causa da velocidade do veículo. Com o alerta da pequena luz piscando no painel, o profissional poderia parar a moto e atender o celular, evitando acidentes e também a perda de novos serviços.

Além da diferenciação voltada para o público que usava a moto para trabalhar, a equipe de Romanoski foi perspicaz ao se lembrar do público feminino, colocando no mercado uma motocicleta de proporções reduzidas com gabinete para bolsa e pequenos badulaques. Uma moto cor-de-rosa, com um rendimento que superou as expectativas e aumentou a autoestima das mulheres que gostam de motociclismo, pois até então as moças haviam sido esquecidas por este segmento de mercado.

O desafio de inovar e manter a qualidade sem aumentar muito o valor final do produto foi sua marca registrada. Ele classifica seu sucesso em três tópicos:

– Seriedade.
"Fazemos o impossível para buscar a qualidade total em cada fase do desenvolvimento do produto, seja na China ou no Brasil."

– Imagem.
"Eu e minha equipe queríamos realmente o reconhecimento da capacidade dos nossos profissionais conterrâneos. Então, a empresa deveria passar uma imagem de organização séria e brasileira. Mesmo com um nome estrangeiro, era consenso que a Sundown deveria ter a cara do Brasil."

– Agilidade.
"Sempre ficamos atentos para saber o que o consumidor queria e nos preocupamos em ter distribuidores sérios, pois eles seriam o contato direto com o consumidor final."

Esse tripé fez com que a Sundown deslanchasse no mercado, colocando em xeque lideranças já concretizadas, como a Honda e a Yamaha!

"Acredito que oferecer um produto bom para uma população que não é tão privilegiada, trazendo melhorias de vida a essas pessoas, é mais do que fazer mercado, é construir virtudes. Nunca batemos nos nossos adversários porque nosso conceito é de respeito ao concorrente. Fazer a Honda trazer de volta uma moto que já estava fora de linha, fazendo um movimento de mercado contrário, foi, para nós, um grande ganho, principalmente porque privilegiou o consumidor final, que era quem realmente nos interessava."

Essas são as palavras de um grande empresário, que sempre teve a preocupação e o cuidado de agradar ao consumidor final, independente de classe social ou poder aquisitivo. A excelência de gestão fez com que Romanoski fosse eleito o Homem de Marketing do Ano em 2006 pela ADVB (Associação de Dirigentes de Vendas do Brasil).

Como testemunhamos, a estratégia dos *dados de quina* foi percebida e usada pelo nosso personagem com sabedoria e discernimento. Saber unir a face do seu dom pessoal de gerenciar problemas com a face da experiência vivida ao lado de pessoas de todos os níveis e classes sociais gerou uma visão inovadora e ampla, que foi aplicada com perspicácia e no momento certo, quando todos estavam no lugar-comum. Essas sábias atitudes fizeram com que a gestão desse personagem saísse do engessamento empresarial que assola a maioria dos profissionais e se tornasse um referencial de sucesso, um verdadeiro *benchmarking*.

Gerenciar dons pessoais junto com experiências corporativas é uma das perspectivas da estratégia dos dados de quina, e pode ser também um atalho para o caminho do sucesso pessoal ou da excelência profissional.

Você já parou para analisar se suas virtudes e experiências podem se unir aos seus desafios corporativos ou pessoais e, a partir dessa junção, criar alternativas inusitadas e inéditas, trazendo para sua carreira um diferencial que seria o passaporte para o seu êxito?

Procure sempre se dar um tempo para analisar e tentar descobrir alguma virtude que você possui e que, por motivos diversos, nunca teve a oportunidade de colocar em prática.

Parar para pensar pode não ser uma perda de tempo como muitos acham. Esse momento de recolhimento pessoal deve ser visto como uma oportunidade de se autoconhecer e tentar resgatar princípios ou conceitos pessoais que neste momento estão postos de lado.

Jogue seus dados e analise as faces que aparecem. Descubra que as oportunidades existem, por mais improváveis que pareçam ser.

Saia do ostracismo ou do tão conhecido lugar-comum, encontre e invista no verdadeiro desejo das pessoas que precisam de você. Essa é a essência da fórmula dos *dados de quina*, pois não basta jogar – você precisa avaliar se o prêmio em questão será realmente compensador e lhe trará, além da realização pessoal, a felicidade interior que só sentimos quando estamos realmente convencidos de que podemos fazer o nosso melhor para os outros e, principalmente, para nós mesmos.

> **❝ O melhor que se pode fazer pelo mundo é investir no verdadeiro desejo das pessoas. ❞**

Ponto de Luz

Carisma

A diferença entre ser um mágico que ilude as pessoas e ser um mágico que encanta está principalmente no ato de valorizar seus participantes e, em alguns momentos, em mostrar que as pessoas podem usar sua energia para transformar o mundo. Hoje existem mágicos por toda parte investindo na conscientização das pessoas: magos do meio ambiente, magos da educação, magos da saúde, magos da inclusão social.

Pessoas determinadas a realizar o que parece impossível para, como alquimistas, transformar o chumbo em ouro. Verdadeiros "Merlins", que atuam nas cortes mais altas e nas plebes mais miseráveis em busca de um equilíbrio social em que a dignidade é o apogeu do show, ou simplesmente aquilo que chamamos de vida!

Desenvolver seu carisma pode ser uma excelente ferramenta a ser usada junto com as estratégias aqui sugeridas.

Pessoas carismáticas, em sua maioria, não nascem assim. Elas procuram descobrir em si mesmas a arte da simpatia, da generosidade, e desenvolver em sua personalidade a nobreza de atitudes.

Pessoas carismáticas não precisam ter uma formação acadêmica, mas devem ser interessadas no que acontece no mundo e, mais ainda, no que acontece com as outras pessoas.

Desenvolva seu carisma.

Sorria, cumprimente, converse, ajude, ensine, aprenda.

Essas pequenas atitudes farão grande diferença na sua vida pessoal ou corporativa, porque trarão a você novos conhecimentos e descobertas que possivelmente o deixarão com o queixo caído! Provavelmente você ficará surpreso por descobrir que aquele seu colega que sempre esteve tão próximo e ao mesmo tempo se mantinha tão distante nas atitudes fazia isso porque você nunca deu a ele a oportunidade de se aproximar.

Talvez aquele chefe que parece antipático na verdade seja tímido e não consiga se relacionar de maneira usual.

Talvez a vizinha que parece fofoqueira na verdade seja uma alma solitária que encontra no mexerico uma maneira de ter com quem conversar.

E, mais do que isso, talvez dentro de você exista alguém que pode fazer mais pelo mundo por meio dessas pessoas, e que até hoje estava adormecido por falta de quem o acordasse!

Estratégia Partnershaper

Esculpindo parceiros

Lu Alckmin
Voluntária

Como formar parcerias duradouras e saber administrá-las com sucesso.

Ser um semeador de influências positivas é o caminho que conduz o mágico a conquistar seu espaço artístico em qualquer época.

O famoso "ganha-ganha", tão difundido no mundo corporativo – no qual, em uma negociação entre parceiros, os dois recebem algo a mais – sempre existiu entre os mágicos e seus contratantes. Mas nem sempre a moeda negociada em questão foi o dinheiro. Muitas vezes, a forma de pagamento era a presença do mágico em um evento fora do teatro, organizado pelo contratante, em que o mágico se apresentava em troca da divulgação de seu show. Aparentemente os dois saem lucrando algo intangível, mas importante para ambos. O que muitas vezes as pessoas não percebem é que o verdadeiro "ganha-ganha" nem sempre é tão bonito quanto parece, e muitas vezes só se concretiza quando os dois perdem um pouco.

Nessa hora, a parceria pode ficar fragilizada e precisará de uma nova motivação, vinda, possivelmente, da recompensa por ter feito o melhor ao outro pelo simples fato de gostar do que se faz. São os famosos shows beneficentes, em que o melhor pagamento são as palmas das pessoas que precisam de você.

Um show de mágica é muito mais do que apenas divertimento. É um desafio à sua inteligência, uma nova forma de ver o mundo, um momento de soltar sua imaginação e acreditar que o impossível pode acontecer, e que isso, por si só, já é muito bom.

Durante esse espetáculo, a sensação do espectador deve ser a melhor possível e, ao sair do teatro, ele recordará a alta performance do artista por muitos dias, divulgando aos amigos o que mais o intrigou. Criou-se neste momento um verdadeiro fã-clube do mágico. Pessoas que, moldadas pela sua excelente apresentação, irão divulgar o espetáculo, defendê-lo e até, quem sabe, se oferecer para trabalhar no show.

Essa estratégia de transformar plateia em partners é também utilizada pela nossa próxima entrevistada.

"Minha primeira parceira foi a minha mãe."

Com o sorriso aberto que a boa lembrança de sua mãe trouxe, Lu Alckmin começa sua declaração de maneira leve e carinhosa.

Maria Lúcia Alckmin, ou simplesmente Lu, como todos a chamam, é uma pessoa com atributos realmente especiais.

Esposa de político por grande parte da sua vida, e tendo se tornado uma figura pública por esse motivo, o que se esconde por trás da imagem exibida pela mídia é uma pessoa realmente empreendedora, totalmente voltada e dedicada ao terceiro setor desde quando, ainda menina, ajudava a mãe a dar sopa aos menos favorecidos e desabrigados de sua cidade natal.

O projeto Padaria Artesanal é o que podemos chamar de exemplo de ideias e parcerias que, se feitas com cuidado e atenção, podem realmente se tornar um sucesso duradouro e seguro.

Dona Lu conta que a ideia do projeto veio de um pedido feito por mulheres carentes em uma de suas visitas à zona leste de São Paulo.

Durante uma pequena reunião como voluntária do Fundo Social em um Centro Comunitário, era visível que as mulheres pre-

> **"Não foi ideia minha; foi ideia delas."**

sentes não lhe davam atenção, e algumas sequer olhavam para ela. Constrangida pela situação e achando que sua presença não era bem-vinda, questionou uma das líderes comunitárias se não seria melhor parar de falar e ir embora. Foi quando a moça, visivelmente envergonhada, disse que as senhoras presentes não conseguiam prestar atenção nela porque sentiam muita fome. Já passava das duas da tarde e até aquela hora a grande maioria das senhoras que ali estavam não havia comido nada.

Dona Lu diz que jamais se sentiu tão desolada em seu coração. A situação daquelas mulheres a comoveu de tal forma que, chorando, perguntou àquelas humildes senhoras o que ela poderia fazer para ajudá-las. Foi quando uma delas disse: "Dona Lu, nós queremos comer pão".

Esse episódio ficou marcado na mente e no coração de dona Lu como um compromisso assumido e que, em algum momento de sua vida, deveria ser realizado.

E esta promessa feita mais para si mesma do que para os outros imediatamente voltou à sua lembrança quando, por uma fatalidade do destino, a perda de um grande nome do mundo político fez com que ela, de uma simples voluntária, passasse a presidir o Fundo Social.

Em seu primeiro dia no cargo como presidente da instituição, durante a primeira reunião com sua equipe e assessores, dona Lu estava decidida a desenvolver um projeto no qual se ensinasse a população a fazer pães, porque este havia sido o pedido daquelas humildes mulheres na marcante reunião de tempos atrás.

Após essa reunião, dona Lu e sua equipe saíram em busca de doações de equipamentos pela iniciativa privada, pois o governo não entrava com dinheiro. E, definitivamente, este não era um projeto que se pudesse concretizar sem dar à população carente as condições necessárias para a produção do pão caseiro. Eles precisavam de ensinamentos bem maiores do que somente fabricar o pão.

Dona Lu percebeu que as pessoas precisavam de ensinamentos mais simples, como, por exemplo, manter as unhas limpas, lavar as mãos e realizar todo o ritual de higiene que quem trabalha com comida deve ter de maneira ortodoxa. Era preciso ensinar que a higiene ia além de seus corpos, que precisava se estender às suas casas, às ruas e também no cuidado com o lixo de uma maneira bem mais ampla do que elas estavam acostumadas.

Mais do que isso, a população carente precisava receber noções de cidadania, de ética e de saúde, pois a maioria dos que frequentavam os cursos de capacitação não tinha sequer uma referência sobre esses assuntos. Dona Lu acreditava que, ensinando a alguns agentes multiplicadores dos cursos, estes passariam adiante nas suas casas, aos seus vizinhos e, de alguma forma, mesmo os que não estivessem fisicamente presentes às aulas seriam ajudados de maneira indireta com aquele projeto.

Foi preciso a cooperação de muitos voluntários e entidades sociais para que tudo pudesse começar da maneira correta. A percepção e a sabedoria cognitiva

> ❝ Fazendo pão, levávamos as noções de higiene e de cidadania de que eles precisavam. ❞

de dona Lu, de tratar com respeito e atenção as inúmeras peculiaridades das diversas parcerias, foram fatores indispensáveis para o êxito do projeto. Ela foi uma perfeita *partnershaper*, gerenciando os meios de maneira coerente e criando fortes vínculos entre os parceiros participantes.

Mas, além disso, e da busca de parceiros para a doação do kit padaria, ainda faltava descobrir uma receita de pão que fosse barata, saudável, com alto valor nutritivo e que pudesse ser feita artesanalmente, pois a intenção do projeto não era competir com as padarias, e sim dar oportunidade aos que queriam não somente ter o que comer, mas também ganhar dinheiro fazendo seu pão caseiro para vender.

Então, como fazer para tornar possível o projeto sem deixá-lo oneroso? Como descobrir receitas de pães que fossem fáceis de fazer, tivessem um excelente valor nutritivo, saciassem a fome e ainda pudessem render dividendos aos que se matriculavam nos cursos de capacitação profissional oferecidos pelo projeto Padaria Artesanal?

Depois de analisar com cuidado como poderia resolver esse problema mantendo a sinergia das parcerias, dona Lu resolveu pedir ajuda a técnicos da Secretaria de Agricultura. Eles se dedicaram ao projeto e desenvolveram dez tipos de pães, com sabores e texturas diversas, muito fáceis de fazer e, mais do que isso, pães que, além de salvar dignidades, poderiam oferecer à população uma possibilidade de melhoria de vida até então completamente desconhecida por ela.

Em seis anos de trabalho voluntário, dona Lu não pode fazer conta de quantas parcerias aliançou para que seu projeto se realizasse de maneira sólida e, principalmente, para que ele pudesse se manter sozinho quando ela não fosse mais presidente do Fundo Social.

Durante esse tempo, nove mil kits da padaria artesanal foram distribuídos a inúmeras instituições de caridade, lares de órfãos, asilos, casas de apoio ao deficiente e comunidades carentes.

Ela se orgulha de contar que tudo isso foi feito sem gastos para o governo, pois todos os kits foram doados pela iniciativa privada, que, sabedora da boa estrutura do projeto e querendo mostrar responsabilidade social, se empenhava em apoiar essas parcerias e tornar possível o sonho de ajudar o próximo.

E por que a iniciativa privada fazia questão de ajudar dona Lu?

Porque, além de ela ter se revelado uma competente *partnershaper*, a transparência na doação dos equipamentos trazia imensa credibilidade ao projeto.

Depois que os kits eram doados, as empresas mantenedoras recebiam o endereço da instituição para a qual o kit padaria havia sido enviado e os detalhes da entidade, tais como o tipo de trabalho – se era para crianças, idosos, deficientes, ajuda comunitária, associação de bairro ou escola.

As empresas doadoras recebiam endereço e telefone das instituições atendidas e, mais do que isso, tinham a tranquilidade de saber que, ligando para qualquer um desses locais, teriam a certeza da ética de dona Lu e de sua equipe. Isso porque, mesmo sendo esposa de um dos maiores políticos brasileiros, ela e seus colaboradores sempre tiveram o cuidado de jamais dizer que os kits padaria eram doados pelo governo, e sim pela iniciativa privada.

> **" A transparência foi o que trouxe credibilidade às nossas parcerias. "**

"Pela respeitabilidade e pela transparência, eu conseguia parcerias das instituições, das empresas e dos voluntários. Tenho a alegria de dizer que o governo capacitou pessoas, mas que todos os kits padaria foram conseguidos por doações, e nenhum dinheiro público foi gasto com isso. As parcerias de aprendizado, com minha mãe, com dona Lila Covas e com meu marido Geraldo, fizeram com que pudesse aprender a fazer e a manter outros tipos de parceria. Fico radiante de saber que tenho o exemplo de dois moradores de rua em São Bernardo do Campo que, com a capacitação profissional e o kit padaria, hoje têm um pequeno estabelecimento em sua cidade. Um lugar limpo, arrumadinho e que fez suas vidas mudarem. Antes de participarem do projeto Padaria Artesanal, eram pedintes sem nenhuma perspectiva e viviam à beira da miséria. Hoje eles são casados, têm uma família, têm uma casa e dignidade de viverem com o dinheiro do seu trabalho honesto. Dar a chance de uma vida melhor a quem tanto precisa e ver a esperança brilhar nos olhos que antes eram secos pela fome e pela falta de oportunidade são a maior recompensa que eu poderia pedir a Deus."

O verdadeiro *partnershaper* é o indivíduo que sabe modelar e delinear pessoas, egos e situações para concretizar parcerias eficientes, sólidas e duradouras.

Como percebemos, formar parcerias sustentáveis e saber administrá-las com sucesso não é uma casualidade, e sim o principal foco dos empreendedores que utilizam a estratégia *partnershaper* em seus negócios, sejam eles corporativos ou não.

Saber formar verdadeiras alianças pode, além de trazer o sucesso ao seu idealizador, ser um caminho para gerar novas

ESTRATÉGIA PARTNERSHAPER

oportunidades entre os colaboradores, atraindo novos negócios e ampliando o *networking* dos seus participantes. Também podemos considerar que desenvolver o associativismo na vida pessoal ou corporativa pode ser uma solução para abreviar os resultados que seu plano estratégico tem como meta.

Todavia, o grande desafio para que as parcerias sejam concretas provém da sinergia de interesses de cada membro envolvido. A sustentabilidade de um projeto, seja qual for o setor, não vem somente das participações individuais, mas sim de uma consciência coletiva na qual procurar novos horizontes e possibilidades vai além do limite de cada um.

A consciência na distribuição de tarefas é um fator decisivo em uma empreitada, seja ela corporativa ou não. Delinear os perfis e colocar os indivíduos nas situações em que seus melhores talentos possam ser aproveitados ao máximo dão o ritmo certo para que o resultado pretendido seja alcançado e se perpetue.

O verdadeiro fermento da massa empreendedora, que estimula as ideias e faz crescer o desenvolvimento sustentável das parcerias, é a transparência. Cabe ao idealizador não apenas convencer as pessoas ou empresas potenciais de que seu objetivo é louvável, mas também saber expor de maneira clara e objetiva cada etapa do projeto proposto. Prestar contas dos gastos efetuados durante a elaboração e a execução do projeto, mantendo um canal de comunicação disponível pelo qual todos os colaboradores poderão a qualquer tempo saber

> **❝A cooperação é a principal base da massa das parcerias, é o que dá a liga.❞**

em que os investimentos feitos por eles foram aplicados e como estão sendo utilizados, é uma atitude de responsabilidade e bom senso que atrairá cada vez mais investidores interessados em participar do projeto e fará com que as possibilidades de sucesso aumentem consideravelmente.

Exemplos como o de dona Lu Alckmin reforçam a filosofia de que saber encontrar, lapidar e manter parceiros pode ser o caminho para materializar antigos sonhos e conquistar objetivos. Não se deixe levar pela mediocridade do egoísmo. Divida com outras pessoas suas ideias e talentos para que amanhã elas realmente frutifiquem e elevem a sua imagem criativa e seus negócios.

Ponto de Luz

Brilho

Dominar o óbvio faz parte do show, mas algumas pessoas conseguem acrescentar ao óbvio algo a mais e ganham brilho próprio.

Todo mágico induz as pessoas a acreditarem que o resultado óbvio, o esperado, será superado através de suas forças ocultas e poderes mágicos. Desde os tempos medievais, os magos usufruíam dessa riqueza – o domínio do pensamento do óbvio – e a ela acrescentavam seu toque e esforço pessoal, buscando um resultado que fosse diferente dos demais concorrentes. Mais que um final, um *grand finale*. Brilhante e inesquecível.

Eles misturavam água com açúcar e, com muito treino e dedicação, conseguiam fazer aparecer um resultado completamente novo. Se perguntassem à plateia o que teriam dessa mistura, todos responderiam: água adocicada. Nessa hora, eles desvendavam o lenço sobre o copo mostrando que, ao contrário do que se esperava, o óbvio não havia acontecido e, em vez de água doce, a mistura havia se transformado em vinho, que poderia ser provado e degustado.

A surpresa era geral. Havia acontecido algo muito mais interessante do que o óbvio que todos estavam esperando. Com seus poderes, o mágico transformara água em vinho. Ele havia criado uma expectativa ordinária, por meio da pergunta óbvia, para depois desvendar a transformação extraordinária, gerando um clima de mistério em que sua interpretação agregou valor ao truque, ou seja, ele usou seu brilho próprio para impactar o efeito final da mágica e assim se diferenciar dos mágicos da época que apenas produziam o efeito sem antes falar e provocar a plateia.

Nos dias de hoje, você também pode usar essa estratégia para valorizar suas proezas. Desenvolva seu brilho próprio transformando aquilo que seria óbvio em algo especial.

Quando for apresentar algum projeto à sua empresa ou até mesmo a um amigo, faça uma análise do que seria o óbvio e, em vez de fazer o que todos esperam, invista em você, dê aquele toque especial da diferença e surpreenda demonstrando o seu brilho. Apresente de uma forma impactante.

Inovar na maneira de apresentar seus projetos e quebrar os paradigmas do óbvio tornarão seus resultados impressionantes e farão com que seu brilho interior seja percebido.

É claro que a admiração das pessoas nos interessa, independente do palco em que atuamos. Com certeza, resultados incríveis provêm de personalidades dignas de admiração, pessoas que não se deixam ofuscar por situações difíceis e que sabem fazer com que seu brilho seja um diferencial.

Reflita sobre os acontecimentos pessoais e corporativos e sobre como mudá-los, caso seja necessário. Perca um pouco mais de tempo acrescentando seu toque pessoal a uma situação, projeto ou empreitada nos quais todos esperam não encontrar nada de diferente.

Se você se esforçar e conseguir transformar as situações – que a um primeiro olhar seriam acontecimentos rotineiros e óbvios – em algo especial, certamente começará a lapidar a estrela que existe dentro de você e fará com que seu brilho se espalhe em todas as direções.

Claro que isso não é algo simples nem fácil, mas, quando começar a receber os aplausos pela sua espetacular atuação, você verá que ter brilho próprio vale a pena e que, no imenso universo corporativo, nada traz mais felicidade do que ser uma iluminada estrela em ascensão!

Estratégia Leadermind

Liderança com sustentabilidade

Janet Nicolau Martins de Freitas
Professora e proprietária da Escola Morumbi

Manter vivo o espírito empreendedor e projetar mudanças futuras.

Grandes nomes da mágica sobreviveram até hoje como lendas não somente porque arriscavam a vida escapando de correntes dentro de baús em chamas, mas também porque inflamavam a plateia com sua forte personalidade, causando ao mesmo tempo espanto e respeito. Providos da estratégia *leadermind*, que podemos traduzir como "mente de líder", Carter, Black Stone e o próprio Harry Houdini, que foram considerados os maiores mágicos da Antiguidade, usavam sua aguçada inteligência para criar no público a sensação de que podiam se comunicar com espíritos, desafiar a morte e penetrar no pensamento de qualquer pessoa do presente, o famoso "mentalismo".

Nos dias de hoje o empresário precisa ser mentalista e, literalmente, ler o pensamento de sua equipe, clientes e fornecedores, evitando os erros e ilusionismos que podem surgir distantes do seu comando.

Um dos grandes desafios atuais de um líder é estar preparado para comandar equipes cada vez mais jovens, que por um lado possuem altíssimos níveis de educação, mas, por outro, imensas falhas nesse mesmo item.

O que faz um gestor conquistar o respeito e a confiança da sua equipe pode ser traduzido em uma atitude: participação ativa.

Estar presente em cada momento, regendo com maestria as situações que se colocam, sejam elas positivas ou não, é o que faz a diferença entre o sucesso e a mediocridade.

O segredo mágico *leadermind* não é apenas tomar atitude, mas fazê-lo com determinação e eficiência, para que os colaboradores sintam total confiança em suas palavras.

Esse equilíbrio nas atitudes e decisões depende de uma constante atualização do líder, uma vez que sua sabedoria pode ser colocada em xeque a qualquer instante. Hoje os colaboradores precisam sentir o bom senso nas atitudes do seu mentor, pois esse referencial é primordial para que eles cresçam, se superem e aprendam a arte da liderança. Para criar novos líderes que deem sustentabilidade ao negócio, o gestor necessita reeducar a si próprio e assimilar que é necessário saber delegar funções e responsabilidades de acordo com as competências e virtudes dos membros da sua equipe. Essa sensibilidade de saber delegar cargos às pessoas certas pode ser desenvolvida de várias formas. Uma delas será apresentada na história da nossa próxima entrevistada.

"Eu sempre dizia que não queria ser professora.
Eu achava que professores trabalhavam demais..."

Com essa colocação, totalmente contrária à sua realidade, dona Janet Nicolau Martins de Freitas começa a contar uma história de muita dedicação e carinho ao trabalho com a educação.

Ela conta que sua primeira experiência na área de educação se deu aos 17 anos, quando começou a trabalhar no colégio que sua irmã possuía na Rua Curitiba, em São Paulo, chamado Externato Ibirapuera.

Como sua irmã viajava muito por ser diretora de Ensino Supletivo do Estado de São Paulo, dona Janet começou dando aulas para substituí-la e, então, passou a ter uma proximidade maior e mais estreita com a profissão de professor, descobrindo quase sem querer aquela que seria sua verdadeira vocação.

O Colégio Externato Ibirapuera era uma escola voltada para crianças das classes A e B, não só por sua localização privilegiada, mas também por seus métodos de ensino mais avançados e inovadores do que os das escolas públicas. Mesmo dando aulas numa escola que, além de ser da sua família, tinha referências tão positivas, dona Janet se lembra de que sentia falta de lidar com todos os tipos de crianças, e não somente com as que faziam parte das famílias mais abonadas. Então, para suprir o que achava ser uma falta em seu currículo, ela, em atitudes muito avançadas para a época, dava aulas à tarde na escola da irmã e, na parte da manhã, pegava seu Volks e saía rumo à periferia para dar aulas como professora das "classes de emergência" que existiam naquele tempo.

Essas "classes de emergência" eram formadas por alunos com deficiência no aprendizado e por professoras que ficavam somente por um ano em cada escola. Dona Janet viu ali a chance que tanto queria de conviver com crianças de todas as classes sociais e aproveitar o grande aprendizado que essa experiência lhe traria.

Com o passar do tempo e a impossibilidade de sua irmã voltar a tomar conta do Externato Ibirapuera em tempo integral, dona Janet acabou assumindo a escola junto com uma prima, e procurava levar para as escolas da periferia todas as inovações que eram implementadas na escola da família.

Até então, era um fato raro as escolas públicas fazerem reuniões mensais com os pais dos alunos para discutir as dificuldades das crianças e o relacionamento familiar. Fazer com que as famílias carentes sentissem que os trabalhos feitos por seus filhos eram valorizados era algo que nem se imaginava. Esses eram conceitos considerados modernos e usados somente por pessoas com um padrão intelectual alto. Mas, ainda em sua juventude, dona Janet já procurava, com seu espírito de *leadermind*, levar aos menos favorecidos o estímulo necessário para realizar mudanças de perspectiva, nas quais, através dos estudos, eles se concientizassem de que poderiam melhorar sua condição social e manter uma boa estrutura familiar.

Dona Janet diz que a resposta que recebia tanto dos alunos quanto dos pais era muito gratificante. A motivação demonstrada pelas crianças em estudar e querer ascender socialmente era bem maior do que ela poderia pensar quando começou a lecionar nas escolas públicas. As pessoas se sentiam prestigiadas e, por seu engajamento na tentativa de melhorar a vida de seus semelhantes menos favorecidos, ela se tornou uma professora muito querida por pais e alunos, que enviavam cartas à Secretaria de Educação pedindo para que dona Janet não saísse daquela localidade quando completasse seu ano de trabalho.

Como nem tudo são flores na vida de pessoas empreendedoras e que estão além do seu tempo, a convivência com outras profissionais de escola pública, que abertamente criticavam os alunos, fez com que dona Janet se decepcionasse mais uma vez com a profissão e sentisse vergonha de ser chamada de professora.

Ela diz que as agressões físicas e verbais a que alguns professores submetiam seus alunos, colocando-lhes rótulos e proferindo xingamentos, levaram-na a se manter afastada dos colegas de trabalho durante essa fase da vida.

Passaram-se alguns anos e, no decorrer da vida de uma jovem de educação privilegiada e de boa família, dona Janet encontrou aquele que seria o amor de sua vida, com ele se casou e ficou dois anos sem dar aulas.

Depois desse período de descanso, ela resolveu que já era hora de voltar e pediu a seu marido, o senhor Martins, que a ajudasse, porque ela sentia muita falta de dar aulas e queria voltar a trabalhar com crianças.

> **“Tudo na vida de uma pessoa depende de sua base familiar e educacional.”**

Assim, com a ajuda de alguns amigos, ela começou a dar aulas particulares e, graças a essa rede de pessoas, soube que havia uma escola à venda na Avenida Cidade Jardim chamada Externato Jardim Europa.

Dona Janet viu ali a chance que tanto queria de se dedicar à educação. Com seu carinho de jovem esposa, convenceu o senhor Martins a comprar a escola que ela acreditava ter 80 alunos, mas que, para surpresa geral, só tinha matriculadas e frequentando as aulas 11 crianças! Mesmo com esse empecilho, ela manteve vivo o espírito empreendedor e começou a projetar mudanças e inovações nesse novo desafio.

O imóvel passou por uma reforma geral, pois sua nova dona achava que uma escola deveria ter paredes limpas e claras, e não aquele aspecto escuro e triste que ela encontrara.

Por um ano, este novo centro de educação ainda se chamou Externato Jardim Europa, sendo rebatizado, após esse período, de Escola Experimental Morumbi, pois dona Janet tinha pretensões de, em algum momento no futuro, levar sua escola para o bairro que tem este nome.

Com o senhor Martins cuidando da parte administrativa, o que faz diariamente até hoje, e dona Janet se responsabilizando pela parte pedagógica, incluindo a orientação dos professores e dos pais, começava um trabalho de liderança e força, mantido nos 40 anos de existência da Escola Morumbi.

Com a característica de *leadermind* desenvolvida na época em que desbravava a cidade de São Paulo em busca de novas experiências na área de educação, dona Janet conta que sempre fez questão de acompanhar de muito perto o crescimento da escola, e que uma das características que a distingue das demais é o fato de que ela, os professores e todos que fazem parte da equipe não tratam os alunos como números, mas os conhecem e os chamam pelos nomes ainda hoje, quando a Escola Morumbi conta com milhares de alunos.

> **" Temos de tentar resgatar os valores que foram deixados de lado. "**

Essa característica do perfil da escola faz com que os alunos se sintam mais seguros, pois eles têm certeza de que seus orientadores sabem quem eles são, suas dificuldades e facilidades, e as demais peculiaridades que encaminharão a indicação de seus nomes para determinadas tarefas.

Outro diferencial que merece ser citado é a preocupação de dona Janet com os pais dos alunos. Em sua longa carreira, pontuada por transformações tão intensas nos parâmetros educacionais, ela acredita que hoje é preciso reeducar os adultos para que eles saibam educar as crianças.

Ela acredita que os problemas financeiros e econômicos ocorridos durante as duas últimas décadas e a forte entrada das mulheres no mercado de trabalho fizeram com que os adultos tivessem de se dedicar demais às suas profissões e carreiras, deixando a educação dos filhos quase que exclusivamente com a escola. A rotina saudável de tempos atrás – quando os pais faziam pelo menos uma refeição junto com os filhos, e à noite a família inteira se reunia para contar sobre seu dia – praticamente não existe mais, e dona Janet acredita que, por causa da falta de tempo dos pais para seus filhos, uma crise de autoridade se espalhou e assola as famílias modernas.

Pensando em tentar reduzir a necessidade das crianças de saber quais são seus limites, ela e sua equipe decidiram que o método educacional usado pela Escola Morumbi continuaria sendo o tradicional, no qual a educação não se limitaria a livros e cadernos, mas incluiria a conscientização de que, desde a infância, todos devemos obedecer a regras e respeitar o próximo.

Em sua concepção de líder, dona Janet acredita que os limites devem ser dados de uma maneira carinhosa, porém com autoridade firme, necessária para que a criança cresça entendendo que o mundo não é dela, e que ela não pode nem deve fazer o que quiser.

Essa maneira carinhosa e ao mesmo tempo firme de ensinar e educar fez com que a Escola Morumbi, utilizando a estratégia *leardemind* demonstrada por dona Janet, obtivesse sustentabilidade no mercado educacional, crescesse além dos primeiros planos de seus empreendedores e fosse considerada, nos dias de hoje, uma das melhores escolas de São Paulo.

Não bastasse o sucesso de gestão, deve-se destacar que sempre houve enorme preocupação no sentido de que crianças e jovens fossem motivados a pensar sobre o certo e o errado, a refletir sobre suas decisões e entender que, para que amanhã tenham um mundo mais civilizado e harmônico, o respeito ao direito do próximo é um fator que não pode ser deixado de lado e que cada um deve ser responsável por suas decisões, sejam quais forem as consequências.

> **" Os pais têm que entender que, quando os filhos estão carentes, eles usam artifícios para chamar a atenção. Muitas vezes, de forma negativa. 99**

"Até o fim da minha carreira vou valorizar os limites, a disciplina e os parâmetros, porque é isso que traz segurança para as crianças. Hoje elas pedem isso porque os pais, envolvidos demais com o trabalho e com os afazeres da vida moderna, deixaram de mostrar aos filhos que eles têm em quem se inspirar. Pais devem ser líderes e exemplos para os filhos. Se um homem ou mulher souber manter os filhos sob controle e torná-los pessoas educadas e solidárias, sem nenhuma dúvida o mundo se tornará novamente um lugar maravilhoso, onde não haverá tanta violência."

Assim, dona Janet termina seu depoimento mostrando que para ensinar e formar pessoas é necessário incorporar certos princípios e valores muitas vezes esquecidos ou delegados a terceiros. Ao terminar nossa conversa, dona Janet foi visitar as obras de sua terceira escola, desta vez em Alphaville, São Paulo, como faz todos os dias.

Procurando manter o estilo tradicional, que é sua marca registrada dentro e fora da Escola Morumbi, dona Janet veste seu *tailler* impecável para dar o exemplo e receber seus alunos todos os dias na porta das escolas.

Sua equipe de profissionais, pais e alunos não se cansa de admirar como, aos 76 anos de idade, ela consegue manter tanto a disposição física como seu poder de gestão em tão perfeita forma.

Educar não é uma missão fácil e, nos dias atuais, com tantos conflitos influenciando a cabeça de crianças e jovens, tornou-se uma tarefa exaustiva aos pais e, muitas vezes, aparentemente inócua em resultados.

Porém, não devemos perder a motivação nem a disciplina. Como nossa entrevistada, somos líderes em nossas vidas e empresas, e amanhã teremos de lidar com pessoas cada vez mais rebeldes, impacientes, ansiosas e carentes de afeto e admiração.

> **"A sustentabilidade é a manutenção do espírito empreendedor."**

Logo, devemos procurar desenvolver a estratégia *leadermind* buscando a liderança com sustentabilidade e tentando projetar mudanças futuras em cada atitude de gestão corporativa ou pessoal e, através delas, entender que todo processo na busca da qualidade tem como base seres humanos e, por isso, é passível de erro.

A sustentabilidade de um negócio sempre virá pelas mãos da próxima geração de jovens, que assumirão cada posição estratégica na empresa.

Entendê-los e orientá-los para que se tornem profissionais responsáveis sem podar seus talentos é um trabalho delicado, mas que deve ser feito de maneira incisiva. É necessário que a nova geração tome conciência de que alguns valores tradicionais nunca sairão de moda. A quebra de algumas regras tradicionais muitas vezes faz com que empresas aparentemente saudáveis sejam comprometidas por uma simples troca de presidência ou diretoria. Esse fato é comprovado quando testemunhamos uma mudança de gestão familiar, na qual o sucessor sempre acha que sua inovadora metodologia será melhor que a da gestão passada e promove mudanças radicais sem parar para pensar se isso é o melhor para a empresa ou para o seu ego.

O grande desafio do gestor é manter a performance de empreendedor nele e em cada indivíduo participante, criando uma verdadeira legião de *leaderminds* comprometidos em inovar sem macular a verdadeira identidade do negócio.

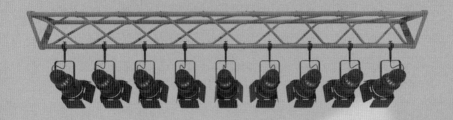

Backstage

O valor e a segurança dos bastidores no espetáculo da sua empresa ou da sua vida.

Dr. Içami Tiba
Psiquiatra e educador

> *Ver que as pessoas sempre têm algo de bom é o segredo para que seu backstage dê o suporte ao grande artista que você é!*

O lugar mais proibido em um show de mágicas são os bastidores. Por trás das elegantes cortinas vermelhas existe um universo em constante transformação. Enquanto o mágico se apresenta diante da atônita plateia, seus partners preparam o próximo número em uma frenética corrida contra o tempo. A cortina se abrirá em segundos e nada pode faltar para que o espetáculo continue com perfeição.

A confiança que o mágico deposita em seus parceiros tem de ser total e absoluta. Sua vida está nas mãos deles, pois qualquer erro pode ser fatal.

Em uma turnê, o mágico e sua equipe formam uma verdadeira família, em que compartilham segredos e dividem seus sonhos, medos e expectativas.

Podemos dizer que, no camarim, o mágico se despe fisicamente. Mas é diante de sua equipe que ele mostra sem ilusões sua real personalidade; onde suas capas, cartolas e outros artifícios que compõem o personagem no palco não fazem a menor diferença. Essa metamorfose não se aplica apenas ao personagem central do espetáculo, mas a todos os partners que vestem seus papéis durante o show.

É nessa convivência íntima, em que cada personagem mostra sua verdadeira imagem, que está a chave do êxito de um maravilhoso espetáculo. É essa integração que fará com que a plateia sinta a enorme sinergia que envolve o mágico e sua equipe.

No mundo corporativo, a busca dessa intimidade nas equipes de trabalho também é o sonho de consumo de qualquer gestor. Ele sabe que somente haverá um comprometimento entre seus colaboradores se eles conhecerem profundamente seus partners, com seus defeitos e, principalmente, virtudes. Deve haver um entrosamento que seja maior que as buscas individuais, uma cumplicidade coletiva em que todos buscarão um objetivo maior e, nesse momento, criarão respeito e admiração pelos colegas.

Todos nós temos nossos bastidores proibidos!

Aquele cantinho onde nos recolhemos para recuperar nossas forças e nos preparamos para apresentar o nosso espetáculo diário.

Este lugar tão oculto, protegido e ao mesmo tempo maravilhoso é o nosso lar.

No fim de um dia cansativo de trabalho, chegamos à nossa casa e despimos o personagem, repousamos em nosso verdadeiro camarim, refletimos se o nosso sucesso realmente valeu o preço que pagamos e encontramos nossos mais legítimos parceiros: a nossa família.

Muitas vezes, ficamos demasiadamente no palco corporativo por amarmos as luzes, os aplausos, na eterna tentativa de melhorar a performance profissional. E, no afã de manter esse ritmo alucinante, nos esquecemos das pessoas que ficaram esperando nosso retorno, nossos mais fiéis parceiros, que nos conhecem e nos admiram sem as máscaras e as maquiagens que o palco empresarial e a vida em sociedade exigem.

Nosso próximo entrevistado nos levará a refletir sobre esse assunto tão delicado e tantas vezes deixado de lado, que é a nossa família.

"A família é o grupo social mais importante
que existe... Desde quando? Desde sempre!"

Supersimpático e falando com propriedade sobre esse assunto tão delicado, Içami Tiba começa seu depoimento.

Conhecido e respeitado médico psiquiatra e filho de imigrantes japoneses, em sua própria história de vida Içami Tiba conhece perfeitamente a importância da família na formação das pessoas e na descoberta dos talentos, seja no mundo corporativo ou na vida social.

Sua história familiar é permeada de tradições vindas de antepassados que deixaram o Japão em busca de uma possibilidade melhor no nosso país e jamais deixaram morrer a mais valiosa herança que uma família pode deixar para os seus membros: a certeza de que eles sempre teriam, em casa, o esteio e o apoio para tudo que decidissem realizar em suas vidas.

Mas Içami Tiba tinha peculiaridades em sua personalidade que o diferenciavam de seus irmãos. Ao ingressar no curso universitário de medicina, resolveu morar no campus, pois não queria seguir a tradição japonesa, pela qual o fato de morar com os pais o levaria a ter que concordar em conhecer sua futura esposa dias antes de se casar como aconteceu com os irmãos.

Em seu conceito de vida e em sua mais do que correta formação de caráter, ele, por não aceitar cumprir as regras tradicionais da família, não deveria ter os mesmos benefícios de seus outros irmãos que as cumpriam.

Não que lá na frente, quando Içami Tiba se casou, seus pais tivessem algo contra sua esposa. Ao contrário, pois, com o passar do tempo, dona Natércia se tornou muito querida e realmente parte da família. Simplesmente, naquele momento de suas vidas, no entender de seu pai, que era monge budista, seguir as tradições e casar-se com uma japonesa, de preferência escolhida pela família, era bem mais importante.

Assim, ele saiu de casa sem brigas, mas impondo sua vontade de poder escolher com quem se casar e pagando sem reclamar o preço dessa opção. Sua própria família começou a ser formada de maneira inusitada.

Tiba era frequentador dos bailes da Asma (sigla que, segundo ele, significa: Agarre Seu Médico Agora!) e, numa dessas festas, cheia de senhoritas disponíveis e na qual ele era um dos poucos rapazes presentes, viu uma delas dançando com um rapaz de porte respeitável e, em vez de se ater às que estavam disponíveis, seu coração bateu mais forte justamente por aquela da qual o dito rapaz não desgrudava.

Como não é uma pessoa de desistir ao primeiro empecilho, Tiba inventou para as moças que o cercavam que ele era vidente, e que estava ali somente para ler as mãos das senhoritas. Com essa conversa, ele foi se aproximando até chegar aos ombros do rapaz que ocupava o alvo do seu interesse, cutucá-lo e dizer que precisava ler as mãos de todas as moças da festa, inclusive daquela que era entretida pelo dito-cujo!

Sem ter medo de tomar um safanão do rapaz, que era bem maior que ele, Tiba tomou a moça para si e começou a ler suas mãos dançando com ela. Suas previsões foram as seguintes: vai aparecer um japonês na sua vida, ele vai te tirar para dançar, vai se declarar, vocês vão começar a namorar. E, então, nunca mais parou de dançar com a tal moça! Já se vão 40 anos que a música embala essa valsa e que as previsões do "vidente" japonês se concretizaram.

Tiba conta que sua esposa Natércia tinha uma perspectiva muito mais ampla e irrestrita do que a visão singular de caipira da cidade de Tapiraí que ele próprio tinha a respeito de sua recém-iniciada carreira.

> **"Eu queria ser médico que atende de porta em porta as famílias carentes. Para mim, esse era o máximo aonde eu queria chegar."**

O objetivo dele naquela época era seguir sua bela ideologia de ajudar os que tinham poucos recursos e ser um médico que atendesse numa Kombi de porta em porta! Tiba sonhava em viajar por cidadezinhas como a em que ele próprio nascera e, então, poder dar um pouco da assistência que sempre faltou aos que não tiveram a felicidade de nascer numa boa condição social ou, ainda, de cuidar da saúde daqueles que jamais foram a um consultório médico.

Em sua concepção de carreira, esse era o ápice que poderia ser almejado por um filho de imigrantes criado no interior de São Paulo ao realizar o sonho de se tornar um doutor.

Mas Natércia, que olhava Tiba de um ângulo que ninguém mais via, do *backstage*, não enxergava só isso nele.

Ela sempre o incentivou e fez com que ele acreditasse ser muito mais inteligente e promissor do que ele próprio acreditava. Também o convenceu de que o limite – inconscientemente imposto pelo seu desejo de ajudar o próximo – de ser somente um médico que atendia famílias carentes de porta em porta era muito fácil de ser superado. Isso só dependia de Tiba acreditar mais em si mesmo e perceber que, se ele pudesse ir mais longe, também poderia levar consolo e alívio para muito mais pessoas!

Para Natércia, um dos maiores encantos do marido estava justamente em seu espírito de luta. Ela não podia deixar que ele esquecesse a maneira como conseguiu, por meio de sua persistência e inteligência, afastar um rival muito mais forte que ele e se aproximar dela, lá no baile!

Tiba conta que, sem a menor dúvida, grande parte dos seus talentos foram descobertos ou desabrochados por Natércia. Entre eles, potenciais atléticos.

Içami Tiba era praticante de judô desde a infância, mas nunca deu ao esporte a sua merecida importância e, por isso, nunca se dedicava às competições com o devido apreço. Ele se lembra com muito carinho de seu professor, o senhor Inada, e das muitas vezes em que ele repetia para a turma de jovens alunos que, para que eles vencessem na vida, uma das principais regras era que aprendessem a cair. Tiba diz que traz este ensinamento até hoje, em tudo na vida, e que foi por meio do judô que ele aprendeu a ser disciplinado.

Mas, mais do que somente a disciplina, Natércia e sua sagacidade perceberam que Tiba tinha, sim, potencial suficiente para não ser apenas um excelente médico. Ela via que o esporte, que até aquele momento já havia ensinado tantas coisas a Tiba, também o ajudaria a se manter mais concentrado. E com mais esse incentivo daquela que se tornaria sua esposa, Tiba se dedicou um pouco mais aos treinos e decidiu que o judô poderia, juntamente com a medicina, continuar a ser um dos alicerces de sua vida. Com esse ímpeto, tornou-se campeão brasileiro universitário de judô em 1965, no primeiro campeonato brasileiro dessa modalidade.

É interessante notar que Tiba jamais se vangloria de suas vitórias. Seu sábio e tão querido professor Inada havia ensinado que, em vez de se vangloriar, deve-se agradecer ao adversário, pois foi por causa dele que se ganhou. Para Tiba, é importante ganhar desde que se saiba como lidar com isso de uma maneira natural e tranquila.

Içami Tiba se define como uma pedra bruta, que foi lapidada pela paciência, pela perspicácia e pelo carinho que sua esposa sempre dedicou a ele e aos seus filhos.

E por que ele, renomado e mais que conhecido médico, nos dá sua própria vida como exemplo da importância daqueles que ficam escondidos por trás das cortinas do *backstage*?

Porque ele sabe que na sua origem, na sua formação de caráter, tem a mão de seus pais; e, em sua lapidação para a vida social e para vislumbrar maiores expectativas de melhoria e crescimento profissional, tem as mãos de sua esposa.

O sonho que se tornou muito maior do que ser o médico dedicado a atender pacientes em domicílio se realizou porque ele sempre soube que em casa teria o apoio, o incentivo e a tranquilidade necessários para ascender em suas metas profissionais e sociais.

A certeza de que poderia se dedicar a seu foco fez com que Tiba se aprofundasse cada vez mais nos estudos e hoje, com 23 livros publicados e milhares de palestras feitas, é considerado referência internacional quando o assunto são filhos e família.

Atualmente, o sonho de levar conforto às pessoas carentes com uma simples Kombi e um médico engajado na melhoria de vida do próximo Tiba realiza levando para milhões de pessoas, pobres e ricas, a possibilidade de plantar em seus lares e corações a semente da educação. Em seu novo desafio, concebido pela percepção de Natércia, sua nova ideologia de vida é fazer com que todos, sem restrição de condição social, cor, raça ou credo, possam ser beneficiados pelo bálsamo que só o conhecimento adquirido através da educação pode trazer.

Um de seus maiores desafios é fazer com que as pessoas entendam que a educação não se restringe a ensinar os filhos a ler e escrever, mas, muito além disso, participa da vida e das experiências vividas por eles de uma maneira bem mais ampla.

Tiba diz que os pais devem tentar se aproximar dos filhos por meio da linguagem que estes usam.

Ele conta que, em uma recente entrevista para uma revista em referência ao Dia dos Pais, indicou que os pais pedissem de presente a seus filhos que estes lhes ensinassem como fazer para entrar na mais famosa página de relacionamentos da internet: o Orkut!

E por quê? Porque, segundo Tiba, acessando esses sites de relacionamentos, onde os jovens e adolescentes têm milhares de amigos e participam de muitas comunidades, os pais poderão ter um motivo para se aproximar de seus filhos. Mais do que isso, de acordo com o que for encontrado por lá, saber o que seus filhos pensam, conhecem e com quem andam.

Ele diz que os pais erram ao tentar vigiar os filhos em vez de acompanhá-los. Se uma criança ou um jovem é inteligente e não produz o que sua inteligência é capaz, fica claro que esse jovem não tem dedicado o tempo necessário ao que deveria e está se desviando em atividades menos nobres.

Educar, segundo nosso entrevistado, deve ter as mesmas regras usadas por profissionais nas empresas: deve ter prazos e resultados.

A falta de cobrança fez com que os jovens se tornassem muito mais incompetentes do que traumatizados. Tiba acredita

> **" Livros são sementes que o destino leva por caminhos que o próprio autor desconhece. "**

> **"Criança não é adulto. Mas os pais são e têm que agir como tal. "**

que os jovens de hoje, por terem sido embalados pelo lema de poderem fazer tudo que quisessem para não ser "traumatizados", são pessoas vazias que não podem se valer nem das dificuldades que muitos nomearam de trauma, uma vez que estes surgem para ser superados e a falta deles traz mais prejuízos do que benefícios.

Segundo Tiba, a infantilização de filhos "não-crianças" formou uma legião de "sem-limites".

A justificativa dada por profissionais e pais, de que todo tipo de agressão vinda de uma criança tem um motivo e que esse motivo deve ser respeitado, gerou uma legião de mimados e folgados.

Tiba diz que debaixo de um "folgado" existe sempre um "sufocado". Nenhum folgado quer perder suas regalias, portanto a tendência é manter-se sempre folgado. É o sufocado que tem de iniciar a mudança. É o sufocado que deve deixar de suprir as folgas, isto é, não fazer por e para ele o que ele for capaz de fazer.

O fato de existirem excelentes empreendedores que são péssimos gerenciadores de seu *backstage* também traz surpresa ao nosso entrevistado.

Por que não aplicar estratégias de ação que funcionam em uma área em outra área diferente? Talvez falte mudança de olhar e de atitude dos gestores nas suas próprias famílias – tão bem-sucedidos em suas empresas e muitas vezes sofridos e resignados em sua vida pessoal e familiar.

Se um empreendedor demite ou retira um cargo do funcionário quando este insiste em fazer algo errado, por que não toma essas mesmas medidas quando seus filhos passam dos limites? Por que vemos empresários bem-sucedidos, gestores exemplares, serem atormentados pelo fantasma da incompetência familiar, se poderiam aplicar em suas casas as mesmíssimas regras que aplicam em suas empresas, formando cidadãos responsáveis?

Se seus funcionários cumprem horários e regras, por que não tentar administrar sua vida familiar com o mesmo empenho e dedicação e trazer à sociedade pessoas melhores e mais aptas a viver em harmonia?

Tiba diz que as empresas não dão aumento nem promovem funcionários que entregam seus trabalhos *somente* na véspera do pagamento. Mas os pais aceitam que seus filhos só estudem às vésperas das provas e não tomam nenhuma atitude para mudar esse tipo de comportamento com medo de parecerem vilões ou de afastarem os filhos de si.

E nosso personagem vai além em suas colocações sobre família e empresa.

Ele conta que as empresas devem ser mais participativas nessa gestão, trazendo as famílias dos funcionários para participar de palestras e eventos, fazendo com que se integrem de maneira mais ampla ao dia a dia do trabalhador e que este se sinta melhor no trabalho sem precisar ter preocupações com a família que está em casa.

Um exemplo disso foi uma empresa situada em Campo Limpo chamada Tyssen Krupp.

Essa organização instituiu o "Dia da Família na Empresa", no qual, durante um dia do mês, o pai é autorizado a levar um dos seus filhos para passar um dia com ele na empresa. Nesse dia, a criança

> **"A família: não há como você sair dela. Ela é sua morada afetiva."**

pode ficar o dia todo com o pai, participar de todas as atividades, almoçar com ele e ficar até o fim do expediente.

E qual é o objetivo da empresa com esse procedimento? Além de manter pais e filhos mais próximos, o grande intuito desse ato é despertar nos pequenos a vontade de trabalhar e de ser útil. É fazê-los enxergar seus pais como os heróis do dia a dia, causar admiração pelo fato de o pai ser um funcionário que é querido e conhecido por seus companheiros de trabalho.

Segundo Tiba, o efeito disso numa criança é muito maior do que podemos imaginar. Desperta nela, além do que já citamos antes, referências de dignidade e de admiração, pois muitas vezes o pequeno não enxerga o trabalho do pai como algo bom, mas sim como o grande vilão que os separa.

E por que isso acontece? Porque ele pensa que é por causa do trabalho que seu pai ou sua mãe deixam de estar com ele e de compartilhar muitos momentos, que a um primeiro olhar podem parecer insignificantes, mas que, para uma criança, pode representar algo muito grandioso.

Os pais se tornam responsáveis por esses pensamentos negativos quando mostram para seus filhos o trabalho como o motivo de seu mau humor, irritabilidade e falta de paciência.

Tiba diz que não é tão difícil administrar esse impasse. Basta que os pais expliquem aos filhos que, num primeiro momento, ao entrar em casa, eles precisam de um tempo para esfriar a cabeça e deixar de lado todo o estresse vivido naquele dia. Basta que os pais, em vez de ir ver televisão, se aproximem dos filhos e lhes deem a atenção de que eles tanto precisam. Essa aproximação pode ser feita por um meio muito barato e simples: o envio de torpedos pelo telefone celular. O carinho expresso por mensagens e a preocupação demonstrada trazem aos filhos a segurança de que, mesmo longe, os pais não deixam de pensar e de se preocupar com eles.

> *"Hoje, para ter uma boa família, é preciso ter bastante conhecimento em educação. Acho que a acomodação impede que a pessoa adquira novos conhecimentos. Por que os pais empreendedores não tiram um tempo para analisar e avaliar de outro modo uma situação familiar que talvez, à primeira vista, pareça muito complicada?*
>
> *Para a família ter alta performance, todos nela precisam estar em uma boa colocação. Não adianta, num grupo familiar, somente um ser brilhante e os outros serem medíocres. Porque o que tem uma melhor característica só conseguirá subir se carregar os outros nas costas, e isso vai provocar muito sofrimento nele e nos outros. Certamente o preço não vale a pena.*
>
> *Uma maneira de ter seus filhos como fãs no espetáculo da sua vida é, em vez de fazer algumas coisas por eles, fazer tudo junto com eles. Compartilhar tanto as vitórias como os fracassos do filho é uma maneira de injetar uma dose de esperança e explicar que a vida não acaba com alguma dificuldade que ele teve. Ao contrário, os pais devem explicar que as perdas sofridas muitas vezes são degraus que ele tem de subir para ganhar uma nova fase do jogo e que, se ele abandonar isso, sempre voltará a encontrar esse mesmo fracasso lá na frente. Ensinar aos filhos que se manter na vitória é mais difícil que conquistá-la é também uma maneira de criar pessoas mais persistentes, e não teimosas.*

Se você não abraçar seus filhos na hora da alegria ou na hora da dor, outros farão isso por você. Pode ser um amigo, um colega ou simplesmente um traficante.

Curtir a família e ver que as pessoas sempre têm algo de bom em si é o grande segredo para que seu backstage *esteja sempre pronto para dar suporte ao grande artista que você é!"*

Dessa forma, aprendemos com o doutor Içami Tiba como ser um mágico no palco e nos bastidores da vida, conquistar a admiração das pessoas e, mais do que tudo isso, cumprir a responsabilidade de fazer da nossa família e dos nossos filhos sucessores da felicidade.

Usar as estratégias empresariais em casa pode ser uma forma de conseguir gerenciar bem a sua vida pessoal, uma vez que sempre achamos que os dois universos vivem de lados opostos e em eterno conflito. Portanto, admire a gestão de sua esposa ou marido no lar e reconheça os méritos de seus filhos. Saiba cobrar e colocar limites com clareza para que eles sejam cumpridos com excelência. Estipule regras e fiscalize os desempenhos individuais de cada um. Pode parecer loucura, mas regras corporativas aplicadas com parcimônia dentro de uma família funcionam muito bem. A hierarquia, a meritocracia, a transparência e a dedicação no cumprimento de tarefas são conceitos empresariais que vieram da vida familiar e que hoje, na maioria dos lares, são esquecidos pelos seus mentores, os pais.

Recuperar a tradição de unir a família em busca de um sonho comum a todos talvez seja o maior desafio e a mais complexa tarefa na qual um administrador possa mostrar a sua real competência.

O *backstage* sempre fará parte do seu show. Conservá-lo íntegro é garantir entradas e saídas do palco empresarial, mantendo a qualidade do espetáculo e toda a segurança por trás das cortinas. Mais do que isso, é a garantia de que seu show terá uma turnê longa e bem-sucedida.

Ponto de Luz

A Arte de Pensar Grande

Todo mágico sonha em encenar grandes ilusões, com a esperança de que será um ilusionista imortalizado pela mídia. Eu fui um deles!

Lutei por mais de um ano para obter cinco alvarás e conquistar o direito de atravessar o Obelisco do Ibirapuera, em São Paulo, com meu próprio corpo. Cortei um automóvel ao meio diante de 800 pessoas que podiam tocar no carro durante o Salão do Automóvel. Também fiz aparecer um barco de 25 pés em um grande evento realizado em um estaleiro, diante de mil pessoas, e, para finalizar minhas grandes ilusões, fui atirado 38 vezes em piscinas e lagoas, totalmente acorrentado, algemado e vendado, dentro de um saco de tecido, desafiando a morte.

E o que aprendi com tudo isso?

Que a minha aptidão não era fazer coisas grandiosas... mas pensar grande!

Hoje, viajo o país e o mundo proferindo mais de cem palestras por ano e, com certeza, meu efeito multiplicador na área do conhecimento é muito mais forte que meus antigos efeitos mágicos.

Mas, mesmo tendo me tornado consciente de que meu caminho era outro, nunca perdi o amor pelas "grandes ilusões". Guardo em meus porões todas as mágicas que construí e sonho um dia recolocá-las em prática. Não por desejar voltar a ter notoriedade por isso, mas simplesmente porque elas representam uma parte muito importante da minha vida e dos meus sonhos. Neste momento, tenho absoluta certeza de que a minha missão é ensinar as pessoas a pensar grande, a ir além de seus sonhos. Desejo que derrubem as paredes que atravessei e velejem nos barcos que fiz aparecer, pois o que é um mágico senão um educador que prova que nada é impossível?

Em nossa vida, sempre teremos momentos em que cruzaremos a linha que separa o aprendiz do professor. Quando sentir que chegou esse momento, lembre-se de todas as "grandes ilusões" por que passou e valorize as boas, aquelas que endossaram o seu caráter atual. Elas serão a base que deverá utilizar para ensinar seus filhos e sua equipe a se tornarem sonhadores que vencem o desafio sem medo de errar. Pessoas que buscam lugares cada vez mais altos, pelo simples fato de que vale a pena fazer algo grandioso em nossa existência.

Com este último Ponto de Luz, desejo sinceramente que sua vida se transforme em um grande espetáculo, em que sua família e seus amigos aplaudam de pé seus êxitos diários. Lembre-se de que todos nascemos artistas, todos temos o dom de mudar as cores do nosso quadro, como Romero Britto ensinou. O importante é planejar a grande viagem, como Amyr Klink sempre fez com excelência, e fazer o que se gosta, lutando pelos seus sonhos, como fizeram dona Lu Alckmin e dona Janet. Jamais ceder aos *misdirecions* da vida e ter disciplina nas metas, como Carlos Alberto Vianna e Julio demonstraram. Aprender com as pessoas, por mais improváveis que elas pareçam, foi a lição do senhor Romanoski. A vida é sua, o espetáculo é seu, portanto seja um líder colorido, que empina as pipas sem medo e acompanha as mudanças dos ventos, como César Souza ensinou. E nunca se esqueça de valorizar a família, como o mestre Içami Tiba tanto prega em seus ensinamentos.

Desejo que seu show particular se torne um sucesso absoluto de público e crítica, e que você se transforme em uma grande estrela na constelação desse espetáculo chamado VIDA!

Outros Lançamentos da Integrare Editora

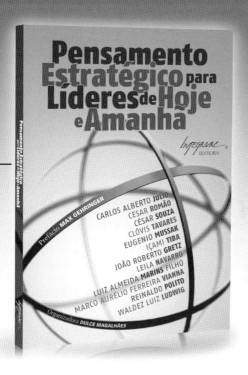

Pensamento Estratégico
para Líderes de hoje e amanhã

Autores: Carlos Alberto Júlio, Cesar Romão, César Souza, Clóvis Tavares, Eugenio Mussak, Içami Tiba, João Roberto Gretz, Leila Navarro, Luiz Almeida Marins Filho, Marco Aurélio Ferreira Vianna, Reinaldo Polito, Waldez Luiz Ludwig

ISBN: 978-85-99362-28-0

Número de páginas: 128

Formato: 16 x 23 cm

Este livro foi impresso na
LIS GRÁFICA E EDITORA LTDA.
Rua Felício Antônio Alves, 370 - Bonsucesso
CEP 07175-450 - Guarulhos - SP - Fax: (11) 3382-0778
Fone: (11) 3382-0777 - e-mail: lisgrafica@lisgrafica.com.br